부자 아이로 키우는

엄마들의 비밀 수업

미래를 읽는 부모는 아이를 부자로 키운다!

부자 아이로 키우는 엄마들의 비밀 수업

앤디 림 · 윤규훈 지음

슬로디미디어

인생의 추월차선은 누구나 탈 수 있다

그동안 현장에서 학부모와 교사, 학생들을 만나면서 수도 없이 많은 강의를 했습니다. 관점을 디자인하는 특강, 실전 창업 훈련, 경영 훈련, PBL 프로젝트, 스팀 융합 교육과도 같은 전문 강의를 하며 어느새 현장 전문가로서의 경험이 축적되었습니다. 이 경험을 바탕으로 시작한 실리콘벨리와 대기업의 경영 방식을 적용하여 학생들에게 이야기해주니 모두 눈망울이 초롱초롱해지고 자신들도 많이 배우고 싶다는 의지를 보였습니다.

이 강의를 통해 아이들은 입시 위주의 사고에서 역량 위주의 사고로 바뀌게 되어 자신들의 인생을 스스로 개척할 수 있는 힘을 기르게 된 셈입니다. 더불어 학교와 아이의 성적이 오르지 않아 고민인 부모가 좋아합니다. 왜일까요? 본질을 건드리고 이야기하기 때문입니다. 그저 듣기 좋은 이야기가 아닌 '현실'과 '이상'의 균형을 맞춘 강의와 체험이기 때문입니다.

어떻게 하면 아이들에게 '인생 추월차선'을 제시해줄 수 있을까요? 어떻게 하면 '부의 파이프라인'을 건설해줄 수 있을까요? 바로 이 질문의 출발이 미래형 강의의 첫발입니다. 이 책은 뻔하지 않은 이야기를 속 시원히 해달라는 학부모들의 강한 요청에 의해서 시작하게 되었습니다. 강연 현장에서 '부모가 인식하지 않으면 내 자녀가 다른 사람의 수단이 된다', '다르지 않으면 어렵다' 등을 강조하며 인식의 중요성, 창인성, 기업가 정신, 부자의 이해 등을 강조하며 부모들의 '니즈'를 완벽히 소화시키는데 주안점을 두었습니다. 또한 이 책은 학창시절 이후의 삶과 진짜 취업, 창업 이야기 등 어른들이 아이에게 해주지 않는 현실 이야기를 담았으며 부자에 대한 허심탄회한 이야기를 풀어 쓴 우리 아이 인생 가이드입니다.

우선 이 책에서 많이 나오게 될 단어 '부자'는 중의적인 단어임을 먼저 말씀드립니다. 세상에서 제일 귀한 가치가 '돈'이 아님을 알지만 중요한 수단임을 알기 때문에 대표 단어로 사용했을 뿐이며 무엇보다 '부자'라는 단어는 돈뿐만 아니라 사람이 추구하는 내재적 대상이 포함되어 있기 때문에 사용하였습니다. 마치 딸 부자, 아들 부자와 같은 느낌이라고 이해해주시면 좋겠습니다. 이 책에서 '부자'는 취업과 창업, 올바른 인성, 우수한 창의성, 좋은 성격 등을 드러내는 단어이며 꼭 '부자'라는 단어가 아니더라도 얼마든지 다른 단어로 치환 가능함을 강조하고 싶습니다.

이제 여러 종류의 부자가 되는 목표를 갖되 졸부가 되지 않도록 아이를 교육해주시기 바랍니다. 결과 우선주의로 흘러간다면 과정이 생략된 인생이 되어 동력을 갖지 못한 성인이 될 가능성이 커집니다. 아이들이 갑작스러운 여러 종류의 졸부가 되어서는 안 됩니다. 건강한 부자가 되어야 하고, 돈이 넘치는 부자가 되어야 하고, 인생이 행복한 부자가 되어야 합니다.

이 책은 어떻게 하면 우리 아이들이 다양한 분야의 부자가 될까에 대한 고민을 풀어놓은 책입니다. 그래서 한 주제를 한 챕터의 책으로 만들기가 매우 어려웠습니다. 한 소재로 하루 동안의 강의 분량이 나오는 만큼 지면을 빌어 표면적으로 쓰게 되어 아쉬움이 남습니다. 그러나 철저하게 자신을 점검하고, 소재에 대하여 잠시라도 생각하게 된다면 그것으로 성공이라 여깁니다. 이 책에 나올 여러 부자들 중에서 내 아이는 어떤 부자로 만들지 힌트를 얻으시기 바랍니다. 이제 부모부터 인생의 추월차선을 탈 준비가 되셨나요? 이제 아이에게 인생의 부자가 되는 방법을 선물해 주시기를 바랍니다. 더불어 이 책을 읽고 깨달음이 있다면 주위 사람들에게도 많은 공유와 확산을 부탁드립니다.

앤디 림 & 윤규훈

· 차례 ·

PART 2 미래를 읽어야 인생이 바뀐다

PART 3 내 아이도 부자가 될 수 있다

PART 1

우리 아이는 왜 멈추어 있을까?

01

부모의 사고와 행동은 대물림된다

부모가 똑똑하지 않으면 내 아이가 다른 아이의 '수단'이 된다

"내 아이가 다른 아이의 '수단'이 되고, '지시'를 받는 부하 직원이 된다? 옆집 아이 준서가 월 '2,000만 원' 벌 때 내 아이는 '200만 원'을 번다!"

가정이라지만 이렇듯 세상은 공평하지도 아름답지도 않습니다. 덕분에 어른이 되어서도 직장생활을 하며 끊임없이 자기계발에 투자하며 무섭고 냉정한 사회에서 살아남기 위해 고군분투하게 됩니다. 하지만 노력한 만큼 결과가 나오지 않을 때도 있고, 현실적인 문제로 억울함을 당할 때도 있습니다. 요즘은 유치원에 들어갈 때 원아카드에 부모의 자산, 직업, 거주지 등을 기재하라는 곳이 있다고 하니 부모의 성공을 아이가 물려받는 것이라는 생각이 들기도 합니다.

부모라면 내 아이가 건강하게 자라 부자가 되고 인성 또한 좋은 퍼펙트 맨이 되기를 희망합니다. 여기에 사회적으로 인정도 받으면서 본인도 행복해하는 직업을 갖기를 원합니다. 하지만 부모의 바람과는 다르게 요즘 청년 실업이 사회적 문제가 될 만큼 경제 상황은 좋지 않습니다. 그래서 남들보다 특출나게 뛰어나거나 생소한 분야에서의 성공이 아닌 이상에는 내가 다른 사람의 성공의 발판이 되어 버리기 쉬운 세상입니다.

내 아이가 사회적으로 성공하며 바른 인성의 사람으로 성공하려면 어떻게 해야 할까요? 부모부터 먼저 세상을 정확히 알고 있어야 합니다. 아이가 성공적으로 세상에 안착하려면 우선 부모의 모호한 생각부터 없애야 합니다. 요즘 청년 실업이 얼마나 무서운 일인 줄 아시나요? 취업을 잘하고, 창업에서 성공해야 한다고 강조하는 이유는 바로 먹고 사는 문제이기 때문입니다.

대한민국에서 부자로 사는 부모는 보통의 부모들과 무엇이 다를까요? 이들은 바로 세상의 진실과 거짓, 인생의 추월차선이 무엇인지 누구보다 잘 아는 사람들입니다. 기민한 부모가 세상의 변화에 빨리 적응하고 행동하며 이상적인 말에 속지 않고 아이들을 이끕니다. '아이 스스로'라는 동기부여도 중요하지만, 기민한 부모를 보고 자란 아이는 '자본과 정보'라는 외부의 정보를 자연스럽게 습득하게 됩니다.

이제 평범한 부모일수록 부자 부모의 사고방식을 알아야 합니다. 만약 부모 스스로 가난한 사고를 갖고 있다면 아이도 그 사고방식을 갖게 될 확률은 아주 커집니다. 간단히 말해 부모가 수동적 사고를 갖고 있고, 삶의 목표가 명확하지 않다면 자녀에게 비전, 꿈, 희망과 같은 긍정적 사고방식은 심어줄 수 없게 되는 것입니다. 아직도 부자들의 여유 있는 시간과 씀씀이를 보며 부러워만 하고 있다면 그저 하루하루 버티는 삶에서 끝나게 될 것입니다. 이제부터라도 자녀를 위해 부모인 내가 더 깊이 생각하고 변화해야 한다는 목표가 생겼다면 앞으로의 삶은 지금보다 더 행복해질 가능성이 커집니다. 행복지수가 크고 웃음이 많은 가족일수록 후회하지 않은 삶을 산다는 공식을 알고 계시나요?

요즘 경제 상황이 좋지 않다 보니 가장 인기 있는 직업이 공무원입니다. 매출 걱정이나 언제 잘릴지 모를 위험이 덜하기 때문이겠지요. 만약 당신이 현재 매출이 적은 자영업자라면 지금부터라도 같은 분야에서 성공한 부자를 찾아 그가 성공할 수밖에 없었던 비결이 무엇인지 연구해보세요. 그 방법을 찾아 따라만 해도 지금보다는 더 나아질 것입니다. 그것이 평범한 자영업자에서 CEO로 나아가는 길이며, 이런 과정은 자녀에게 훌륭한 교육이 됩니다. 지금 하고 있는 사업이 어렵다는 것을 아이에게 솔직하게 말해주어도 괜찮습니다. 아이 스스로 부모의 상황을 인지하므로 성숙한 아이로 자랄 테니까요. 또한 직장에 다니는 부모라면 아이와 함께 도서관에 가서 승진에 도움이 되는 자격증 공부를 해도 좋습니다. 도서관을 자연스럽게 여기는 것은 평생 습관으로 아주 좋은 일이 될 것입니다.

앞서 부모의 사고방식은 자녀에게 그대로 대물림된다는 사실을 이야기했는데 즉 부모의 가난한 사고방식을 자녀가 닮아가는 것입니다. 이는 매우 중요한 것으로 아이의 사고와 습관을 부모가 만들어주는 것이라고 해도 과언이 아니기 때문입니다. 만약 부모가 근로자로 급여를 받는 것에 목적을 두고 만족해하며 남을 위해 일하는 것이 당연하다고 여긴다면 자녀 역시 노동 시장에서 열심히 일만 할 가능성은 커집니다. 그런데 주위를 둘러보면 시대의 변화에 따라 투잡, 쓰리잡을 하며 재테크에도 열을 올리는 부모가 있고, 또 어떤 부모는 근로 소득에만 관심이 있습니다. 이렇듯 누군가는 확장하려 하고, 누군가는 유지하려 합니다. 도전하는 사람과 안주하는 사람의 미래는 다를 것입니다.

부모가 인식하면 후천적인 부자가 되고 자녀의 미래가 바뀐다.

내 아이만큼은 나보다 더 부유하게 살았으면 좋겠다면 지금 부모부터 달라져야 합니다. 부자의 사고와 자세, 행동을 해야 아이까지 부자가 될 수 있는 셈이니까요. 자녀가 경제적으로 부자가 되길 바란다면 부모부터 부자처럼 생각하고, 부자인 것처럼 행동하면 됩니다. 허세를 부리라는 것이 아니라 부자의 사고와 행동의 본질을 따라하라는 말인 것입니다.

투자의 귀재 워런 버핏은 투자를 하는 집안에서 성장했기 때문에 자연스럽게 투자하는 사고, 투자자의 포지션 등을 아주 어릴 때부터 배울 수 있었습니다. 아마존의 CEO 제프 베조스 역시 유능한 공학박사였던 외할아버지 덕분에 공학도의 삶을 어깨너머로 배울 수 있었던 것이죠. 미국 대통령 트럼프는 10대 시절에 부자 아빠의 영향으로 '월세 수금' 아르바이트를 했다고 합니다. 공부는 1등을 못했지만 사업 수완만큼은 좋아서 아버지는 일찌감치 기업인 트럼프를 만들기 시작했습니다.

부자의 사고를 강조하는 이유는 '생각'이 모든 것의 출발선이기 때문입니다. 생각만 바꾸면 세상에서 잡을 수 있는 기회는 많고 돈도 많습니다. 내 아이를 성공시키고 싶고 부자 마인드를 심어주기 위해서는 부모의 행동도 중요합니다. 즉 부모의 양육 태도에 따라 아이의 미래가 달려 있다 해도 과언이 아닐 정도로 부모의 바른 인성과 태도는 아이들의 귀감이 될 것입니다.

그렇다면 지금부터 보다 솔직한 이야기를 해볼까 합니다. 이미 공부 DNA가 자녀에게 유전된다는 사실은 어느 정도는 알고 있을 것입니다. 게다가 부모의 재력과 학력 등의 조건도 자녀에게 대물림됩니다. 그럼에도 가난한 부모는 '노력'만 하면 그 어떤 것도 다 이겨낼 수 있다는 희망으로 아이를 가르칩니다. 그러나 "세상에 안 되는 게 어디 있어? 노력만 하면 얼마든지 성공할 수 있어."라는 말은 산업화 시대부터 내려온 방식으로 부모의 세대에서나 가능했고 더 이상 지금의 아이들에게 필요하지 않습니다. 종종 뉴스에서 명문대학교를 나와 박사학위까지 있지만 취업하기가 어렵다는 말을 들은 적이 있을 것입니다. 이렇듯 명문대를 나왔어도 취업하기가 어려운 세상이라면 부모가 아이에게 무엇을 가르쳐주어야 할지 고민이 됩니다. 바로 가정에서는 아이에게 인성 교육, 진로 교육, 독서법, 철학적 사고와 대화법 등을 가르쳐 내적 부자를 만들어주어야 합니다.

먼저 부모와 자녀 사이의 관계는 즐거워야 합니다. 아이가 사춘기가 되면서 부모와의 대화가 단절되기 쉬운데 어릴 때부터 아이에게 가정이 가장 중요한 배움의 장이고 가족이 최고의 친구임을 알게 해야 합니다. 부모가 아이의 멘토가 되어 주고, 가족과의 여행을 통해 경험을 쌓으며, 부모의 서재가 호기심의 대상이 된다면 그것이 자녀 교육의 시작인 셈입니다. 만약 자녀와 소통이 잘 되지 않는다면 우선 부모인 자신부터 돌아보세요. 언어와 행동을 바꾸면 대부분은 해결될 문제일 것입니다. 자녀와의 관계가 부모에게도 인생을 변화시킬 수 있는 기회인 셈입니다.

세상은 지금도 변화하고 있고 더 이상 전통적인 사고와 학습에 고착화되어서는 아이의 미래가 밝을 수 없습니다. 부모가 미래를 내다볼 수 있는 인식과 태도를 갖추고 있지 않다면 아마 최상위권 아이들의 수단이 될 확률이 큽니다. 이제는 부모 스스로 자신이 갖고 있는 고정관념이나 사상 등이 아이에게 물려질 수 있다는 사실을 인정하며 끝없이 자신의 생각을 확장해나가야 할 때입니다. 바로 이런 환경이 조성될 때야말로 아이가 자신의 생각을 말이나 글로 표현할 수 있고, 자신의 삶을 긍정적으로 생각할 수 있게 되는 힘이 됩니다. 부모가 바뀌면 아이는 생각이 단단한 아이로 성장할 수 있습니다. 그렇다면 부모가 흔히 갖고 있는 고정관념에는 무엇이 있을까요?

부모의 고정관념

국가가 아이를 책임질 것이다.
열심히 하기만 하면 된다.
튀지 말고 남들처럼만 살면 된다.
아끼면 잘 살 수 있다.
평생직장이 최고다.
학교 교육만으로 최고가 될 수 있다.
학교에서 시키는 대로 하면 된다.
대학교는 꼭 졸업해야 한다.
좋은 대학만 나오면 성공한다.
성적을 잘 받아라.
실수하지 마라.
첫 직장을 잘 들어가야 잘 풀린다.
애들한테 돈 이야기하지 마라.
좋은 직장을 한 번에 얻고 계속 다녀라.
부자는 탐욕스럽고 나쁘다.
절약하는 사람은 짠돌이다.
부동산 투자하는 사람은 투기꾼이다.
주식 투자자는 도박을 하는 사람이다.
기업인들은 노동자를 착취하는 대상이다.
외국인 투자자는 먹튀자다.
투자는 위험하다.
빚 내지 마라.
주식하지 마라.
저축을 먼저 하라.
경매는 어렵다.
채권, 금 투자는 아무나 하는 것이 아니다.

부모의 행동이 바뀌어야 아이의 인생도 달라진다

"가난은 대물림된다. 하지만 금전적 가난보다 더 무서운 것은 부모의 가난한 사고와 가난할 수밖에 없는 행동력이다."

환경적으로 경제적 가난은 안타까운 일이지만 가난한 환경 속에서 자란 아이들은 이 가난한 사고방식을 갖게 되어 또 가난하게 살 가능성이 큽니다. 부모라면 '내 아이에게 이것만큼은 물려주기 싫다'라는 것이 있을 것입니다. 물론 부모가 아이에게 물려줄 수 있는 것은 꼭 눈에 보이는 물질적인 것만 있는 것은 아니겠죠. 부모의 보수적인 사고, 수동적 습관, 게으름, 핑계, 부정적인 언행, 부채 등 나쁜 습관과도 같은 것도 이어지게 됩니다.

가난에는 이자가 붙는다고 합니다. 원금을 갚기는커녕 이자에 이자가 또 붙어 결국 빚은 눈덩이처럼 커지는 셈입니다. 이처럼 부모의 나쁜 행동을 아이가 물려받게 된다면 이자에 이자가 붙어 빚이 계속 느는 것처럼 아이의 인생 또한 가난이라는 굴레에서 벗어날 수 없을지도 모릅니다.

한국고용정보원의 '대졸자 직업 이동 경로조사'와 한국교육개발원이 조사한 '부모의 사회·경제적 지위가 대학 경험과 노동 시장 지위에 미치는 영향'을 살펴보면 부모 소득이 높을수록 자녀의 학력이 좋고 첫 일자리 임금이 높은 것으로 나타났습니다. 부모가 부자이면 아이도 부자가 된다는 것으로 꼭 돈이 아니더라도 부모의 성실함, 인성, 독서력, 사업, 재테크 등과 같은 것을 물려받게 된다는 것입니다.

> **잘못된 부모의 습관과 생활방식**
>
> 불규칙한 수면과 식습관, 늦잠, 편식, 게으름, 폭언, 욕설,
> 부부싸움, 투정, 짜증, 흥분하기,
> 소통의 부재, 과소비, 부정적인 말투,
> 과음, 흡연, 예민한 성격,
> 안전 불감증, 뒷담화 등

여기서 한 가지 의문이 듭니다. 어른이 바뀌기 쉬울까요? 아니면 아이가 바뀌기 쉬울까요? 어른이 바뀌기 더 쉽습니다. 그러니 부모 스스로 자신의 단점이라고 생각하는 것들을 고쳐나가는 것이 아이에게 좋은 에너지를 공급해주는 일이라는 것을 잊어서는 안 됩니다. 그런데 역설적이게도 부모 스스로 자신은 아이에게 좋은 역할을 해내고 있다고 착각하는 경우가 많습니다. 정말 악성 채무를 증여하고 있는 것이지요.

'부모의 좋은 습관보다 더 좋은 교육은 없다'라는 말은 말로만 교육하는 것이 아니라 행동으로 보여주고 기억시킨다는 뜻입니다. 멘토의 역할은 단순히 정보와 지식을 알려주는 사람이 아니라 '행동'으로

보여주는 사람인 것이죠. 부모는 자녀의 거울임을 안다면 아이들의 외부환경만 신경 쓰기보다는 부모의 내적인 상태를 점검하며 자신의 단점을 고쳐 아이를 대하는 것이 좋습니다. 선천적인 유전뿐만 아니라 부모의 환경, 행동 등이 그대로 아이에게 후천적으로 유전될 수 있으니까요.

요즘 주변 사람들을 보면 심심치 않게 고지혈증, 심장 질환, 당뇨 등 지병에 대한 이야기를 들을 수 있습니다. 그런데 이러한 질병의 대부분은 유전적인 요소도 있지만 안 좋은 식습관과 생활습관 등이 큰 영향을 미칩니다. 음식을 짜게 먹는 부모를 둔 아이도 짜게 먹을 확률이 커져 지병이 생기는 것처럼 부모의 부정적인 사고와 말투도 유전이 됩니다. 내 아이가 잘되기를 바란다면 잘못된 습관을 고쳐서 행동을 개선시켜야 합니다.

앞서 생각의 중요성을 말씀드린 것은 생각에서 행동이 시작되기 때문입니다. 다들 아시겠지만 부모가 공부하는 자세와 좋은 습관을 가지고 있다면 자녀들은 어린 시절부터 그러한 환경에 익숙해집니다. 예를 들어 부모가 독서를 즐겨한다면 아이도 자연스럽게 책을 접하게 될 것입니다. 또한 부모가 여행을 자주 떠난다면 아이는 진취적인 모험심이 생기게 마련이겠죠. 바로 부모의 생각과 행동의 변화가 아이의 인생을 결정짓는다는 것을 잊지 말아야 합니다.

몇 년 전 미국 조지아 주립대학의 경제학 박사 토머스 스탠리 교수는 최근 20년간 미국 경제를 움직이는 미국 기업가들에 관한 자료를 발표했습니다. 그들은 대부분 물질적 유산보다 좋은 습관을 부모로부터 물려받은 것이 사업에서 성공할 수 있었던 열쇠라고 말했습니다. 바로 백만장자의 시작은 부모로부터 물려받은 것이라는 것이죠.

미국 마이크로소프트의 CEO인 빌 게이츠는 어릴 때부터 부모와 함께 도서관에 다니며 공상과학 소설을 많이 접했다고 합니다. 부모는 독서와 영화를 좋아하는 빌게이츠를 위해 토론하는 시간을 갖기도 했으며 컴퓨터를 선물로 주어 아이의 미래를 열어주기도 했습니다. 여기서 빌 게이츠의 부모가 보통의 부모와 다른 점이 있었다면 컴퓨터를 무조건 하지 말라고 교육하는 것이 아니라 컴퓨터를 올바르게 사용할 수 있도록 지도했던 것입니다.

부모가 먼저 아이에게 좋은 습관을 물려주기 위해서는 부모 먼저 즐겁게 자신의 관심사를 공부해보길 바랍니다. 요즘은 평생 교육 시대라고 하지 않나요. 아이에게 가장 확실한 진로 교육은 학교에서 시작하는 것이 아니라 바로 가정에서 부모가 먼저 보여주는 것입니다. 가정에서부터 칭찬을 듣고 자란 아이는 사회에서도 사람의 마음을 얻을 수 있게 되며 이것이 영업을 잘할 수 있는 힘으로까지 이어집니다. 또한 부모가 사업을 한다면 체계적인 가계 운영을 통해 아이는 기획력을 배울 수도 있게 됩니다. 만약 매장을 홍보하는 전단지 만드는 일을 소홀히 여긴다면 앞으로는 심사숙고하며 만들어보길 바랍니다. 왜냐하면 이 일을 통해 아이는 마케팅과 디자인에 대해 자연스럽게 익힐 수 있게 되니까요.

부모의 말투가 험할수록 아이 또한 예쁜 말을 사용할 수 없게 되는 것과 같이 부부 사이에서도 서로를 무시하는 말투를 쓰지 말고 항상 존중하며 대해야 아이 또한 바른 말을 익힐 수 있게 됩니다. 아이는 자신의 부모의 행동과 말투에 관심이 많다는 사실을 잊으면 안 될 것입니다.

아이는 부모의 소유물이 아닙니다. 이 뜻은 부모가 나서서 아이의 삶을 만들어주려고 하지 않아야 한다는 말입니다. 사람은 누구나 개성이 있고 주체성이 있다는 것을 알고 아이의 자존감을 높여주는 행동을 해야 합니다. 사실 아이들은 부모의 기대를 충족시키기 위해 노력합니다. 그런데 그 기대감을 스스로 져버렸을 때 부모에게 미안한 마음을 갖고 또 죄책감도 갖게 됩니다. 아이도 이런 심리적 상태에 빠지게 되는데 이것 자체를 모르는 부모는 자녀의 성공이 곧 자신의 성공이라도 되는 것처럼 아이를 몰아세우기 쉽습니다.

아직도 아이의 교육에 목을 매며 열을 올리고 있습니까? 만약 그렇다면 해결은 간단합니다. 부모부터 우선 행복해져야 합니다. 부모의 행복한 모습을 느끼며 자라는 아이는 세상을 재미있는 곳이라 여기며 자신이 하고 있는 일에 가치성을 부여하게 됩니다. 부모는 먼저 자신이 원하는 일이 무엇인지 파악하고 그 일을 해냈을 때 느끼는 행복감을 맛보는 것이 중요합니다. 그 재미와 기쁨을 보여주는 것이야말로 교육이 됩니다. 인생에서 돈도 중요하지만 무엇보다 중요한 것은 균형 잡힌 삶일 테니까요. 내 아이가 잘되는 것이 전부가 아닌 부모의 인생부터 재미있고 건강해야 합니다. 부모 스스로 건강하면 부부관계도 좋아지며 가정 또한 이상적으로 꾸려지게 됩니다.

꼭 부모부터 여러 면에서의 부자가 되세요. 그 모습을 보고 자란 자녀 역시 다방면에서 부자가 될 것입니다.

부모가 아이에게 할 수 있는 철학 교육

- 인간관계에 너무 매달리지 마라. 관계는 하루아침에 잘못될 수 있고, 없어서 미칠 것 같은 사이도 시간이 지나면 아무렇지 않게 된다.
- 감정과 이성을 균형 있게 조절해야 한다.
- 돈 자체로는 최우선이 될 수 없지만 삶에 있어서 꼭 필요한 요소이다.
- 나와 가족 위주의 삶을 살아야 한다. 친척도 점점 멀어진다.
- 지나치게 똑 부러져도 적이 생긴다. 때로는 눈치 없는 척하는 것도 방법이다.
- 다 줄 것 같은 관계도 막상 일이 벌어지면 90% 이상은 나서지 않는다.
- 사람은 쉽게 안 바뀐다. 애초에 아니다 싶은 사람은 아닐 확률이 높다.
- 사회생활에서 분별하는 능력은 매우 중요하다.
- 다른 사람 험담은 하지 말고 절대 밖에서 적을 만들지 마라.
- 자신과 안 맞는 상대와 억지로 친하게 지내려고 노력하지 마라.
- 걱정과 고민을 멀리하라. 어려운 부탁일수록 쉽게 다가가라.
- 결정은 단순하게 하라.
- 완벽한 사람은 없다. 완벽함에 얽매이지 마라.
- 모든 사람에게 사랑받을 수 없음을 인정하라. 착한 사람 콤플렉스를 벗어나라.

- 지나친 간섭과 오지랖은 삶을 피곤하게 한다.
- 지나치게 봉사하고 헌신하면 호구가 될 수 있다.
- 말을 많이 하는 것과 잘한다는 것은 다르다. 너무 많으면 안 된다.
- 끼리끼리 뭉친다.
- 남의 시선, 눈치와 평가에 집착하지 마라. 자신에게 집중하라.
- 혼자서 세상을 살아갈 독립심을 길러야 한다.
- 첫 직장생활은 중요하다.
- 착하고 옳은 것이 무조건 정답이 아닐 때가 있다.
- 나이가 들수록 습관이 무섭다는 것을 깨달아야 한다.
- 하고 싶은 일을 하기 위해서는 하루하루 해야 하는 일을 잘해야 한다.
- 융통성 없는 사람이 되지 마라.
- 현실과 꿈의 균형을 맞추어야 한다.
- 과거의 스펙은 소용 없다. 오직 현재가 중요하다.
- 지금 당장 괴로운 일도 나중에는 아무 것도 아닌 일이 된다.
- 익숙함에 빠져 새로운 것에 도전하기를 두려워하지 마라.
- 행복은 일상의 작은 것에서 온다. 감사부터 시작하라.
- 화가 났을 때는 말을 아끼고, 행복할 때도 함부로 약속을 잡지 마라.
- 부모가 떠나고 나서야 부모의 소중함을 알게 된다.

부자 부모는 무엇이 다를까?

경쟁 없는 사회가 있을 수 있을까요? 경쟁 없이 혁신이 될 수 있을까요? 안타깝게도 이 모든 것들은 경쟁을 통해 이루어집니다. 아이들은 초등학교에 입학하면서 경쟁이 시작되고 기업들은 세계를 상대로 경쟁을 해 이겨나가야 합니다. 사실 외부와의 경쟁이 없다고 해도 스스로 어떤 것에 목표를 두었다면 그 목표를 이루기 위해 자기 자신과 끝없이 경쟁을 해야 하겠죠. 그렇기 때문에 삶에서 경쟁은 피할 수 없는 일입니다. 남들보다 일찍 시작해서 앞서 나가거나 경쟁 상대가 없는 새로운 시장을 개척하며 경쟁해야 하는 것이 지혜로운 일일지도 모릅니다.

자신의 행복에 집중하고, 한 번뿐인 인생을 즐기는 것도 중요합니다. 하지만 누구나 자신의 삶을 이어나가기 위해서는 연속되는 치열함 속에 살아야 합니다. 자신의 분야에서 1등이 되기란 쉬운 일이 아닙니다. 금메달을 딴 운동선수는 '하루만 딱 쉬고 싶다'라는 말이 나올 정도로 엄청난 노력을 합니다. 피나는 노력이 있어야 1등도 하는 것이고 그로 인해 돈과 인맥, 운까지 따라옵니다.

한 번 1등을 해보면 그 자리를 유지하는 것이 쉽다고 합니다. 문제는 중상위부터 하위권인 셈인 것이죠. 이들은 치열한 경쟁을 통해 서로를 이겨야 하는데 이것이 현실입니다. 이렇듯 부자 부모와 가난한 부모의 양극화가 날로 심해지고 있듯이 다양한 분야의 패러다임이 변하고 있습니다. 과거 '단일의 전문적 사고'에서 지금은 '각각의 연결적 사고'로 혁신의 본질이 바뀌고 있는 것이죠. 이제 새로운 관점을 디자인하고 포맷해야 하는 시대입니다.

부자 부모는 세상을 다르게 바라봅니다. 세상의 규칙성을 깨트리기도 하고, 합리적인 의심을 하며 다른 방식으로 사물과 현상을 보려고 합니다. 그리고 그것들을 아이들에게 보여주려고 하고 함께 소통하려고 노력합니다. 부자 부모들은 현실의 구조와 시스템, 미래의 연결성을 명확히 꿰뚫어보는 능력이 있는데 이 힘으로 현실을 명확하게 인지하고 10년 뒤 미래까지 내다보게 됩니다. 부자 부모는 물고기 잡는 방법을 자녀에게 가르쳐주어 스스로 생각하여 노하우를 익히게 합니다. 이렇듯 미래는 적응의 시대이고, 대응의 시대임을 잊지 말아야 합니다. 부자 부모는 아이들을 직접 체험하게 하고 참여시켜서 '능동적 경험'을 많이 쌓을 수 있도록 도와줍니다. 이것은 단순히 지식을 습득하고 판단하는 것을 넘어서는 일이지요.

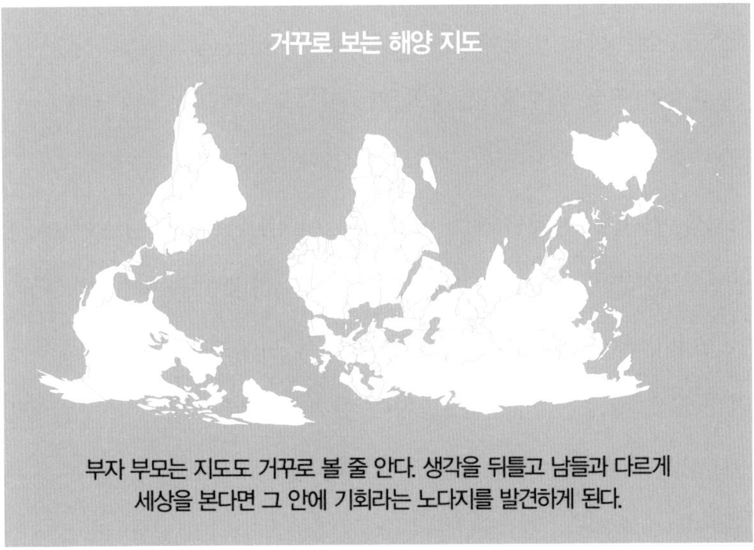

부자 부모는 지도도 거꾸로 볼 줄 안다. 생각을 뒤틀고 남들과 다르게 세상을 본다면 그 안에 기회라는 노다지를 발견하게 된다.

어느 날 성인 초청 강연에서 있었던 일입니다.

"지난번에 온 강사는 다큐멘터리를 설명하고, TV 명견만리의 내용을 자기가 발견한 것처럼 설명하더라고요. 누구나 보면 아는 겉핥기 수준의 이야기를 우리의 미래라고 하고요. 실망했습니다."

부자 부모들은 동기부여의 수준이 다르며, 기준점이 높기 때문으로 구체적인 것을 좋아합니다. 그래야 성공할 수 있다는 것을 알기 때문이죠. 또한 배경 지식이 많아서 웬만한 정보에는 꿈쩍도 하지 않습니다. 그 시간에 부자 부모는 자신의 정보가 미래와 어떻게 연결이 되는지 바로 계산을 합니다. 이제부터라도 겉핥기식이 아닌 실제적으로 필요하고 현실적인 내용을 습득하는 것에 중점을 두어야 하는 것입니다. 아직도 주어진 현상을 그대로 받아들이시나요? 혹시 획일화된 길을 의심하고 반대할 생각이 있나요? 정부에서 발표하는 대책을 신뢰하는 편인가요? 아는 만큼 정보도 분별한다는 것을 알고 온라인이나 오프라인 모임에 나가 보기도 하나요?

지금을 4차 산업 시대, ICT 중심의 시대라고 말합니다. 그래서 더 이상 전통적인 교육과 사고방식으로는 미래형 인재로 아이를 키우기 힘듭니다. 과거의 전통적인 교육 방법보다는 이 시대에 맞는 공부법, 자녀교육법으로 전환이 필요합니다. 물론 과거의 교육 방식이 완전히 불필요하다고 여길 수는 없지만 그것만 가지고는 세상의 패러다임을 쫓아갈 수 없으니까요. 그만큼 환경은 매일 변화하고 있습니다.

과거의 주입식, 암기 교육은 틀렸고 오직 토론과 창의, 열린 사고의 교육만이 정답이라고 할 수도 없습니다. 잘 아시겠지만 공부는 암기가 기본입니다. 지식 없는 심화학습은 있을 수 없지요. 그렇기 때문에 미래교육은 전통교육과의 연결성, 중요성을 확보해야 하는 것입니다. 과거 방식의 단점을 철저히 버리고 장점은 연결하여 진행해야 효율성을 높일 수 있습니다.

02

부자는 현실을 누구보다 잘 알고 있다

현실의 진학 이야기

대학에 가면 새로운 친구를 사귀며 학과 공부에 적응하는 시간을 갖게 됩니다. 그리고 곧 중간고사와 학과 행사 등 여러 활동을 경험하게 되죠. 또한 대학교 생활의 꽃이라는 동아리 활동도 열심히 하게 되고 친구들과 함께 SNS 맛집도 찾아다니게 됩니다. 그러다 1학년을 마치고 남자는 군대를 가야 한다는 압박을 받게 되거나 일 년 동안 놀아봤으니 이제는 공부를 해야겠다는 생각에 열의에 차게 됩니다. 또한 나이가 있으니 부모님께 용돈을 타기에는 죄송한 마음이 들어 아르바이트를 하지만 공부할 시간조차 없어져서 장학금을 받기도 쉽지 않습니다. 또한 또래 친구들이 해외 어학연수를 가거나 봉사활동을 떠나는 것을 보면 자신도 똑같이 하려고 기를 씁니다.

이제 어학원을 다니며 시험 점수가 올랐으면 스피킹을 위해 해외로 나가야겠다는 생각을 본격적으로 하게 됩니다. 이때 성적이 뒷받침되는 학생은 자매결연이 되어 있는 교환학생 프로그램이나 해외 인턴십에 참여하게 됩니다. 그리고 현지에 가서도 어학 실력이 생각만큼 늘지 않으면 외국생활 자체만으로도 경험이라며 학업은 뒷전으로 놀기 시작합니다. 물론 그렇게 생활하다 한국으로 돌아오면 해외 연수로 인해 언어는 남들보다 조금 더 잘할지 몰라도 실무자들이 원하는 수준에는 현저하게 뒤떨어지게 됩니다. 대학교 3학년이 되면 4학년만큼이나 불안해집니다. 취업하지 못한 선배들의 소식이 들려오고, 학교 간판과 전공 선택의 불안감이 커지기 시작합니다. 애초에 대학원이 목표인 선배도 있지만, 취업에 실패하면서 연구가 목표였다고 합리화하며 대학원에 진학하는 선배들도 보게 됩니다.

눈치 빠른 사람은 자신의 전공대로 취업을 하는 것이 어렵다는 판단이 들면 채용 인원이 많은 직종으로 전환합니다. 또 공무원 시험을 준비하기 위해 3년이라는 시간을 공부하기도 합니다. 그러나 대부분 취업이 목적이기 때문에 자신의 직무능력이나 성향은 무시할 때가 많습니다. 그렇다고 임시방편인 셈으로 대학원에 가는 것도 능사가 아닙니다. 왜냐하면 학벌 세탁을 목적으로 상위 대학원으로 진학을 준비하거나 유명한 교수의 제자가 되기 위해 부단한 노력을 해야 하는 스트레스가 있기 때문입니다.

석사에 합격하여 생활하는 동안 KCI, SCI 등 세계적 논문을 작성하는 데 몇 년의 시간을 보냅니다. 연구직에서 가장 중요한 스펙은 몇 개의 국제 논문을 발표하였느냐가 중요하기 때문이죠. 석박사를 따게 되면 계약직, 정규직 연구원 취업에 성공을 하기도 합니다.

대한민국 사회에서 아직까지 대학 간판과 전공은 매우 중요한 요소입니다. 전공을 살려 취업을 하게 되면 그 직업으로 오랫동안 살게 될 가능성은 커지고 또 직업을 바꾸는 것도 힘든 일이기 때문에 애초에 자신의 전공부터 잘 결정하는 것도 필요합니다. 만약 자신의 진로에 대한 탐색을 충분히 하지 못한 채 점수에 맞춰 자신의 전공을 선택했다면 인생의 속도가 늦어질 수 있습니다. 이것은 인생에서 수십 배의 기회비용이 낭비되는 일인 것임을 알아야 합니다.

대학생활은 자신을 만들어 나가고 성숙시키는 시기입니다. 청소년기가 성장의 시대라면 청년기는 완숙의 시기이니까요. 다양하고 깊은 경험을 통해 진정한 성인이 될 준비를 해야 하는 시기입니다. 학창시절에 어른이 되는 기본기를 배웠다면 대학에 가서는 자신을 연마하고 성숙시켜야 합니다. 특히 대학생이 되면 부모로부터 독립할 준비를 해야 합니다. 거친 세상에서 살아남을 준비를 해야 하는데 이 과정에서 내적으로 강해져야 합니다. 이미 외국은 대학생이 되면 독립할 수 있도록 10대부터 교육을 하고 있죠.

중고등학교 때는 다양한 경험을 통해 자신의 진로를 설정하는 것이 중요합니다. 그리고 만약 대학생이 되어서 그 진로가 나와 맞지 않다고 생각하면 과감한 변화가 필요합니다. 다만, 무작정 변화하고 도전하라고 하는 것은 무책임한 말일 수 있으니 먼저 사회가 청년이 취업과 창업이 잘 이루어질 수 있도록 법적인 제도와 시스템을 안정적으로 구축하고 있어야 합니다.

청소년과 청년기는 중년까지의 삶의 방향을 설정하는 시기입니다. 중간에 변화가 가능하기는 하지만 첫 직장이 그래서 중요한 법입니다. 지금 자신이 가려는 길이 명확하지 않다면 다른 길도 모색해 보는 것도 좋을 것입니다. 돈은 잃어도 다시 벌면 되지만 시기와 기회는 한 번 놓치면 다시 되돌리기가 어렵기 때문이니까요. 청년의 때는 자신이 정말 하고 싶은 일을 찾아 확장하고 도전해야 하는 시기입니다. 이 일로 내 가족을 행복하게 부양할 수 있겠구나 싶은 일을 찾는 것이죠. 한 번 정하면 꽤 오랜 시간 동안 이 일을 해야 하기 때문에 자신이 행복한 일을 찾는 것이 중요합니다. 이를 위해서 세상을 잘 알고 있는 어른들이 앞으로의 청소년과 청년들의 길잡이가 되어 주며 세상을 더 좋게 만들어야 하는 책임이 있습니다. 청소년과 청년은 우리의 미래라는 것은 알고 그들의 꿈을 응원하는 나라가 되었으면 좋겠다는 생각이 듭니다.

창업과 취업 이야기

2030세대 상당수가 취업을 하기 위해 겪는 과정들이 있습니다. 공채 시즌만 되면 더 난리라고 하지요. 취업 준비생들은 기업의 채용 날짜에 맞춰 미리 작성해 놓은 이력서를 기업에 맞게 다시 다듬어 간절한 마음으로 지원합니다. 그런데 경제가 어려워 기업에서 뽑는 인원은 지극히 제한적입니다. 대기업도 어렵다고 하니 중소기업은 말할 필요가 없겠죠.

힘들게 1차 시험이 통과되면 2차, 3차를 준비해야 합니다. 면접관들은 구직자의 인성과 조직 적합도, 실무 능력 등을 보는데, 취준생은 뭐를 어떻게 준비해야 하는지 깜깜합니다. 사실 실무진이 보는 면접은 단시간에 준비한다고 나오는 것도 아니고 학교에서 배운 내용이 아닌 생각지도 못한 질문들이 나오기도 합니다.

한 해에 대기업, 공기업이 뽑는 채용 인원은 극히 제한적입니다. 그래서 소수의 사람들은 기쁨을 얻지만 대부분의 사람들은 고배를 마셔야 합니다. 그래서 취업 문턱이 조금은 낮은 중소기업으로 눈을 돌리지만 임금 격차, 복지, 회사 시스템, 회사 문화가 만족스럽게 느껴지지 않을 때도 많습니다. 그래서 주위에서 말려도 늦깎이 공무원 준비생이 되기도 합니다.

> 적성 검색 → 객관적인 나 정리 → 취업 공고 모으기 → 이력서 작성→ 자기소개서 작성→ 기업마다 조금씩 수정 → 30~100곳 보내기 → 2차 준비 → 기업별 인적성 또는 면접 준비 → 스터디 참여 → 예상 질문 작성 → 면접 연습 → D-Day → 합격 or 실패 → 취업 재수 or 중소기업으로 눈 낮추기 → 중소기업 입사 후 퇴사 → 취업 재준비 or 공무원 시험 도전 (반복)

취업을 하게 되면 끝일 것 같았지만 또 다른 시작이 눈앞에 펼쳐집니다. 처음 1년은 업무에 적응하고 기업 분위기를 익히고 업무를 배우는 데 시간을 보냅니다. 기업 입장에서도 신입사원의 이탈률을 줄이기 위해 여러 가지 적응 프로그램을 준비할 뿐 업무 역량에는 큰 기대가 없습니다. 그런데 합격의 기쁨은 잠시이고 이때부터 자신을 주변 친구들과 비교하기 시작합니다. 취업을 했는데 집을 얻으려니 전세금이 필요하고, 이 돈을 얻으려면 대기업의 복리후생이 좋지만 그렇지 않을 경우 스스로 해결해야 합니다. 이때부터 학교에서 배우지 못한 현실에서의 돈이라는 개념이 압박감으로 다가옵니다.

집 마련이 어렵다는 것을 알고 나자 은행에 가서 청약통장을 만듭니다. 그리고 서서히 재테크에도 눈을 뜨기 시작하죠. 서울은 부동산 불패이며 주식과 비트코인으로 누가 수십억을 벌었다는 말에 겁 없이 재테크 시장에 뛰어들게 됩니다. 주말에는 부푼 꿈을 안고 부동산 아카데미를 찾아 재테크 공부를 하지만 이마저도 시장의 출렁거림에 포기하게 됩니다. 또 결혼을 하게 되면 양가 부모님이 도와주지 않는 이상 보통 대출을 받아 전세와 월세로 살림을 시작합니다.

현실은 맞벌이를 해야 대출금의 압박을 벗어날 수 있고, 아이가 태어나면 여자들은 경력이 단절될 확률이 높기에 출산을 뒤로 미루고 돈을 모으게 됩니다. 그리고 아이가 태어나면 학군도 중요하기 때문에 거주지에 신경을 쓰게 됩니다. 지금은 비록 이 동네에 있지만 조만간 재테크로 대박이 나고, 청약도 당첨이 되서 꼭 좋은 곳으로 이사를 가고야 말겠다는 야무진 꿈도 생기게 되는 것이죠. 내 아이는 세상에서 가장 귀한 존재이기 때문에 유모차도 명품으로 마련하고 국산 자동차 대신 오래 탈 것이라는 합리화를 하며 외제차를 선호하기 시작합니다.

취업을 하지 않고 창업을 한다면 어떻게 될까요? 창업자 대부분은 폐업으로 막을 내립니다. 마케팅, 영업, 세무, 인사, 원가 관리, 거래처 관리, 서비스마인드, 아이템 경쟁력 등 신경을 써야 할 것이 한둘이 아닙니다. 자영업자는 퇴직금이 따로 없고, 인건비의 계상이 어려우므로 직장인보다 더 많이 벌어야 합니다. 언제 망할지 모르는 상황이기 때문에 유지 관리비는 꼭 보유하고 있어야 하죠. 게다가 인건비

상승은 사업주들에게 큰 부담이고, 지역 가입자들은 4대 보험이 형평성에 어긋난다고 생각하기도 합니다.

창업 실패율이 높고, 실패에 따른 위험도가 큼에도 불구하고 아직까지 우리나라는 청년 창업지원금을 아낌없이 지원하고 있습니다. 우선 창업을 하려면 창업자 스스로 먼저 치열하게 노력하고 준비해야 합니다. 청년의 때는 다시 돌아오지 않고, 실패의 후폭풍은 생각보다 크기 때문에 섣불리 나서지 말아야 하는 것이죠. 우선 자본도 여유가 있어야 하며 관련 분야의 경험과 인맥 또한 풍부해야 합니다. 이것이 인생의 연륜이겠죠.

실제로 미국의 벤저민 존스 노스웨스턴대 교수가 주도한 연구팀이 최소 1명 이상을 고용한 270여만 명의 창업자 목록을 작성했습니다. 이들의 창업 당시 평균 나이는 41.9세였다고 합니다. 무엇이 느껴지지 않나요? 우리나라는 청년 창업에 대한 최소한의 사회 안전망도 없이 청년들을 창업 현장으로 내몰고 있는 것이나 마찬가지입니다. 지금도 국가는 수천억 원의 돈을 무상으로 지원해준다고 하지만 쓸데없는 행정과 부족한 관리자 때문에 창업자들은 지치게 됩니다. 물론 해마다 점점 나아지고는 있다고 해도 올바른 창업 생태계 조성을 위한 제도 설립과 개선이 이루어져야 할 문제입니다. 창업 교육 또한 일회성으로 그치는 것이 아니라 지속적으로 이어질 수 있도록 해야 하며 어릴 때부터 창업에 대한 개념을 놀이처럼 심어주는 것도 필요합니다.

지금 우리나라는 수억 원을 들인 프랜차이즈와 전문성 있는 개인 창업만 살아남는 구조입니다. 그 외에 영세 상인들은 말 그대로 입에 풀칠하며 살고 있는 지경이니까요. 창업은 전투입니다. 창업을 시작하는 어느 누구도 자신이 실패할거라고 생각하며 뛰어드는 사람은 없습니다. 만약 창업을 앞두고 실감이 나지 않는다면 서울의 경리단길, 산업 1세대 도시(거제, 창원, 군산 등), 광역시 번화가, 세종시 상가, 지역 구도심을 둘러보는 것도 방법입니다. 그곳의 임대 표시를 둘러보고 보증금, 권리금, 월세를 꼭 파악해 놓으면 좋습니다.

이러한 악조건 속에서는 창업을 해서 성공할 확률이 낮습니다. 국가는 수익 구조를 바꾸고 국민이 부자가 되는 시스템을 만들어야 합니다. 이를 위해서는 기형적인 자영업의 구조를 변화시키고, 신산업과 유망 직종의 창업을 독려해야 합니다. 또한 어린 시절부터 창업 교육을 하고 제도적인 지원도 아끼지 말아야 할 것입니다. 물론 창업은 어렵지만 가난한 사람이 성공할 수 있는 유일한 길이기 때문에 도전해 볼만한 가치가 있습니다. 우리 아이들에게 무조건적으로 창업을 종용해서도 안 되지만 창업을 잘할 수 있는 분위기 정도는 만들어주어야 할 것입니다. 아이들이 어릴 때부터 자신의 기획력으로 창업이라는 가상 시스템을 만들어 친구들과 논다면 아이들은 경영의 부자, 기업가 정신으로 뭉친 경제인이 될 확률은 커집니다.

지금 우리나라의 취업과 창업의 현실을 돌아보면 변화해야 할 것이 많다는 생각이 듭니다. 특히 기성세대들은 어린 아이들과 청년들에게 어떤 도움을 줄 수 있는지 깊은 고민을 해야 할 때입니다. 곧 기성세대가 변해야 세상이 변한다는 것을 알고 아이들에게 도움이 될 사실과 정보를 제공하기 위해 공부도 많이 해야 합니다. 학생 역시 능동적으로 자신의 일은 처리하며 꿈과 비전을 찾아 미래를 개척해 나갈 수 있어야 합니다.

경제와 사회 이야기

우리나라도 노력한 만큼 좋은 대학에 들어가고, 취업이 잘되던 때가 있었습니다. 그러나 지금은 노동과 기업, 채용 구조가 고착화되었고 부의 양극화는 극심해졌습니다. 월급을 모으면 내 집을 마련할 수 있었던 시기는 먼 과거가 된 셈입니다. 대학만 졸업하면 좋은 직장이 보장되었고 높은 연봉과 안정성이 보장되었던 과거와 달리 지금은 대학을 졸업하는 순간 피나는 취업 전쟁을 치러야만 합니다. 그렇다면 자신의 전공을 살리는 비율은 얼마나 될까요?

지난 3차 산업시대에는 나이에 따른 숙련도와 경험에 따른 전문성이 연봉 척도의 기준이었습니다. 하지만 인터넷이 발달하여 모든 정보가 하나로 모이자 그들은 이제 그저 근로자일 뿐입니다. 이제는 발 빠르게 시대의 흐름을 인정하고 대응해야 할 때인 것입니다. '효율성' 측면과 '생산성' 측면에서 인간은 기계를 상대로 승리할 수 없습니다. TV에 나오는 달인들이 대단하고 입이 턱 벌어지는 놀라운 능력을 가졌음에도 기능자격증의 가치는 점점 하락하고 있는 이유겠죠. 세상이 변했고 그 시대를 지배하고 움직이는 힘, 규칙, 시스템이 바뀌었다는 것을 인식하는 것은 매우 중요한 일입니다. 인공지능, 스마트공장, 자동화 시스템으로 인해 노동력의 가치가 하락하는 것으로 쉽게 말해 이제 미국에서도 노동집약적 산업인 의류, 신발, 공산품 등의 제조업을 경쟁력 있게 생산할 수 있다는 것입니다.

경제가 어려워지면서 K 기업은 유동성에 빨간불이 들어왔으며, L 그룹은 신성장 먹거리를 찾기 위해 수년간 노력하고 있습니다. D 그룹은 쪼개져 매각이 되었고 중소기업들은 더 어려워졌습니다. 대한민국은 불황형 흑자에 허덕이고 있으며 저성장 늪에 여전히 빠져 있습니다. 원가와 비용을 줄이기 위한 고용주의 경영은 날로 빠듯해져가고 스마트 팩토리, 자동화 기계 증가는 우리 주위의 급격한 패러다임의 변화를 불러왔습니다. 글로벌 기업, 거대 기업을 제외한 회사들은 언제 휘청거릴지 모르는 상황으로 조선업과 같은 많은 고용을 담당했던 기업들이 버거워하고 있는 경제 상황인 것입니다. 세계 경기의 둔화, 해외 경제 위기, 전통 산업의 쇠락, 금리 인상 횟수와 상승률, 가계부채, 남녀 갈등과 세대 갈등, 지역주의와 정치 싸움, 이념의 충돌,

저출산 심화, 주 52시간 근무 준수, 최저 임금 인상 등의 정책의 명과 암으로 인해 대한민국은 변화되고 있습니다.

양질의 일자리와 제조업 취업자 수는 지속적으로 감소하고 있는 추세며 제조업과 관련된 숙박과 음식업 매출 역시 감소하고 있습니다. 군산, 창원, 반월, 시화 등 지방 산업단지와 그 주변 식당가, 원룸 단지를 둘러보거나 지방 사람들과 "작년보다 경기가 어떠세요? 집값은 어떤가요?"라고 물어보면 금세 반응이 올 것입니다.

과거보다 지금 더 기업과 국내외 기업 환경은 어려워지고 있습니다. 대한민국 경제 성장률은 점차 나아질 수도 있지만 여전히 저성장의 늪 안에 있기 때문입니다. 현장에 스마트 팩토리, 자동화 기계, 키오스크가 증가하고 있지만 기업의 이익이 줄어들고 있어서 채용 또한 늘지 않는 악순환이 이어지는 것입니다.

H 기업은 정시 채용에서 상시 채용으로 구조를 바꾸었습니다. 어찌 보면 우리나라가 성장하는 방법은 이제 '스마트 팩토리 확대', '대한민국 혁신', '북한 경제협력' 외에는 없어 보입니다. 중국 → 베트남 → 말레이시아 → 인도네시아 등으로 이동했던 제조업들을 스마트공장화, 스마트 시티의 일환으로 바꾸는 수밖에 없는 셈입니다. 미국이 왜 세계의 공장을 미국으로 끌어오려 하는지 느껴야 합니다. 제조업 중심의 국가나 패스트 팔로워 전략으로 성장한 국가가 그 전략을 바로 버리면 안 되는 이유이기도 하죠.

국가는 장기적으로 투자할 수 있는 산업을 육성해야 하고, 신 성장 동력에 대한 산업 규제를 철폐하고, 기업 규제 완화를 해야 합니다. 또한 고부가가치 산업을 조성해야 하며, 새로운 산업을 통해 청년들의 일자리를 만들어야 하죠. 이제 정말 시간이 없습니다. 국가는 청년 창업, 시니어 창업, 스타트업, 벤처, 대기업 등이 마음껏 다시 뛰어놀 수 있도록 경제 생태계를 다시 조성해야 합니다. 이를 위해 해당 공무원과 부처는 경각심을 가지고 개선과 역량 강화에 힘을 쓰기를 바랍니다.

이 모든 노파심과 경각심은 지금의 청년들이 노년층이 되었을 때 겪을 고생이 눈에 보이기 때문입니다. 그럼에도 지금의 어른들은 경각심이 없는 것도 사실입니다. 인구는 가파르게 줄어들고 있고, 출산율은 정부의 예측보다 더 급격하게 하락하고 있음에도 말로만 위기라고 합니다. 산업 분야에서 신성장 동력은 수십 년째 발굴하지 못하고 있음에도 말로만 육성한다고 합니다. 냉정히 현실을 보자면 미국, 유럽, 중국, 일본과 비교해 반도체를 제외한 전 분야에서 이미 쫓아가기 어려운 상황에 직면해 있습니다. 그런데도 국가와 정치인들은 여전히 이상론을 쫓거나 보통의 노력만 하고 있습니다.

가령 저출산은 국가적 재난임에도 정부가 그 무서움을 제대로 인지하지 못하고 있는 것 같습니다. 프랑스는 이미 70년대에 출산율이 2.47로 떨어지자 국가 비상사태로 여기며 적극적인 대응을 시작했습니다. 일본 역시 1989년에 1.57로 떨어지자 재난사태로 선포하여 1.4 이상을 유지하며 완만히 속도를 낮추고 있습니다. 그런데 대한민국은 0.98명이라는 심각한 출산율을 기록하고도 큰 위기의식 없이 대책 또한 뚜렷하게 내놓지 못하고 있는 상황입니다. 이 피해는 결국 우리 아이들이 받게 되겠죠. 저출산이 계속되면 국가 공공시스템, 사회시스템, 기업의 구조 등이 바뀌게 됩니다. 세금으로 유지하는 갖가지 정책은 어떻게 될까요? 건강보험, 국민연금에 대한 결말을 생각해 보았나요? 우리 아이들의 대한민국 탈출 즉, 역이민이 증가하는 것에 정부의 현실적 대안은 과연 있을까요? 2018년 기준 약 36000명이 국적을 포기하고 외국으로 나갔습니다. 쉽게 말해 '군' 단위 행정 구역 하나가 1년 만에 통째로 사라진 것입니다.

이쯤 되면 경각심이 생길 것입니다. 젊은 세대들이 모든 사회문제의 부작용을 짊어질 확률이 매우 높아진 것이니까요. 그래서 현장에서 이러한 사실을 이야기하면 학부모와 학생들은 한숨을 쉬기 시작합니다. 이제부터라도 무작정 대학만 가면 되고, 무조건 창업을 해보라고 등 떠밀던 행태를 벗어나야 합니다.

이제는 더 이상 '아프니까 청춘이고, 대학만 잘 가면 해결되고, 학생의 본분은 입시 공부를 잘하는 것이다'라는 식의 교육 패턴은 도움이 되지 않습니다. 그리고 이 같은 사회를 만든 어른들의 무책임한 말과 행동도 버려야 할 때입니다. 물론 과거처럼 취업이 잘되고, 창업으로 성공할 확률이 크다면 아무런 문제가 없을 것입니다. 그러나 현실은 그렇지 않았음에도 불구하고 올바른 진로의 방향을 제시해 주지 않고, 역량을 기를 환경을 조성해주지 않은 채 할 수 있다고만 말하는 것은 소용이 없을 것입니다. 이제 그만 기성세대들은 어린 아이들과 청년들에게 현실의 실상을 멀리한 채 멋진 이상과 거짓 희망만을 꿈꾸게 하면 안 될 것입니다. 그렇게 꿈만 알려준 결과가 최근의 15년간의 취업, 창업 현장임을 꼭 명심해야 합니다. 이제는 꿈과 현실의 균형을 맞출 때입니다.

이쯤 되면 생각해 보았으면 하는 문제들이 있습니다. 여러분도 한번 편하게 고민해 보시기를 바랍니다.

- 일본처럼 일할 사람들이 없어 우리 아이들은 취업 걱정이 없게 된다?
- 기계가 인간을 대체하는 것은 막을 수 없다. 인문학만 깊이 있게 공부하면 된다?
- 기본소득제가 분명 도입될 것이니 걱정할 필요 없다?
- 경기는 사이클이다. 조만간 저평가되어 있는 우리나라의 경제는 좋아질 것이다?
- 생산 가능 인구가 감소 중이니, 그에 따른 대책을 정부는 내놓을 것이다?
- 정부를 믿고, 국내 기업을 믿자. 경제는 분명 좋아질 것이다?
- 창업은 위험하다. 완전히 준비가 되었을 때 해야 한다?
- 미국과 중국 모두와 친하게 지내면 다 해결될 것이다?

03

이끌 것인가, 이끌려 갈 것인가?

4차 산업혁명은 주인공이 아닌 '감독'을 원한다

요즘 언론과 사회에서 '4차 산업'이라는 말을 쉽게 들을 수 있습니다. 몇 년 전만 하더라도 다보스포럼 등 오피니언 리더, 정치인, 기업인 주위에서만 논의되던 주제였지만 이제는 우리 주위의 흔한 언어로 자리를 잡았습니다. 현장에서 강의를 할 때 4차 산업은 '혁명적 변화'까지는 아니고, 3차 산업의 세분화 과정이라고 표현합니다. 더 구체적으로 구분하자면 '3.5차 혁명' 정도가 될 것입니다. 먼저 4차 산업을 이해하기 위해서는 3차 산업혁명을 알면 됩니다. 3차 산업혁명은 대량 생산이 중심이 되어 근로, 노동 산업이 아닌 특허, 아이디어, 기획 등을 필두로 하여 고부가가치 산업이 주를 이루는 것입니다. 그러한 아이디어와 기술력을 바탕으로 대량 생산이 이루어지는 것이니까요. 자동화 시스템, 인공지능은 근로자들을 대체하기 시작했습니다. 바로 이 변화가 4차 산업의 시작인 것이죠. 생산성 향상과 유연성 확대가 바로 핵심입니다.

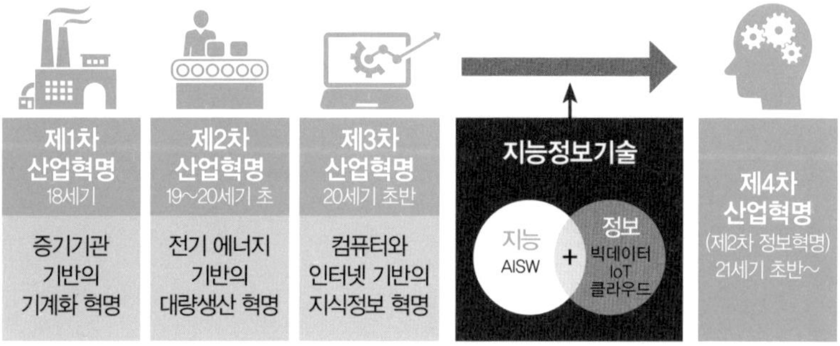

각 차수별 혁명이 진행될 때마다 일자리의 소멸과 생성이 반복됩니다. 하지만 4차 산업은 기존의 1~3차와는 다릅니다. 사람의 역할이 급격하게 사라지는데 지금의 직업 47%가 20년 안에 사라질 수도 있으며 인공지능과 로봇, 자동화가 사람의 직업을 빼앗을 수도 있습니다. 자동화를 다룰 능력, 가치를 창출할 능력, 중요한 판단 능력, 감성 능력이 없다면 아찔한 결과가 나올 것입니다. 이러한 불확실성 속에서 세계가 경쟁을 하지 않고 무조건적으로 '기본 소득세'만 방패로 준비하고 있을까요? 역시 아니겠죠. 지금 선진국은 미래가 곧 새로운 기회임을 알기에 경제적 부흥을 이끌어내기 위해 많은 노력을 기울이고 있습니다. 또한 2000년대에 태어난 세대들이 인류 역사상 처음으로 기계와 경쟁할 세대임을 알고 있기 때문에 무엇인가 다르게 준비하고 있습니다. 4차 산업 역시 이미 경쟁이 시작된 것입니다.

4차 산업을 보다 본질적으로 이해하기 위해서는 인류 역사를 배워야 합니다. 인간은 계속 미지의 영역에 대한 욕구가 있었습니다. 바벨탑이나 우주탐험이 그러한 영역입니다. 마치 신의 영역에 대한 호기심과 인간의 한계를 벗어나려는 탐구력이 지금의 기술 발전을 이루어낸 것입니다. 초고층 아파트, 질병치료, 인공지능, 시스템을 만드는 플랫폼 등은 '미지의 영역'이라는 키워드의 입장에서 보면 매우 간단합니다. 그렇다면 앞으로도 우리 아이들이 4차 산업이라는 키워드 아래에서 어떠한 방향으로 나아가야 할지 보이나요? 미지의 영역의 산업이 무궁무진하게 발전할 것입니다. 수명 연장 및 질병에 관한 의약, 바이오산업, 시공간을 초월하는 5g, Li-Fi, 통신 산업, 사람과 같은 역할을 하는 로봇산업, 인간처럼 생각을 하는 인공지능 사업 등이 더 발전할 것입니다. 이는 지능과 정보를 초월하는 새로운 산업의 태동을 의미합니다. 상상할 수 없는 무한한 양의 정보가 서로 연결되고 스스로 학습되고, 융합되어 새로운 것이 창조됩니다.

우리는 이제 차세대 기술로 앞서나가고 있거나 이미 구축된 플랫폼으로 풍부한 자금력까지 바탕이 되는 기업들을 발굴하며 분석해야 합니다. 전 세계를 이끌고 주도하는 G7 국가 내에서도 채용은 주로 대부분 민간기업과 글로벌 기업이 창출하고, 그것을 대규모 자본가들이 이끄는 머니파워로 전 세계가 움직이고 있습니다. 이렇듯 국가의 집중적 지원이 나오는 분야와 선도 기업이 이끌어가는 분야를 잘 전공화해야 합니다. 전 세계 10대 글로벌 기업이 쏟아붓는 돈이 이미 국가의 예산보다 많은 현실입니다. 자본이 주도하는 4차 산업의 질서이기 때문입니다. 가령 우리나라 최고의 기업 S전자와 수많은 글로벌 기업이 투자하는 공통 분야는 바로 '인공지능' 분야입니다. 그렇다면 우리도 인공지능 분야를 다른 산업보다 더 중점적으로 보아야 합니다. 마찬가지로 제약, 바이오 시장에서 바이오시밀러, 신약의 가치에 대하여 방향을 잡고 따라가야 하고, 전통적 산업보다는 미래형 산업에 더욱 지원을 많이 해야 합니다.

세계의 모든 기업들이 '4차 산업'이라는 이름으로 포장하여 돈을 쓸어 담을 준비를 하고 있습니다. 4차 산업 대표 기업 아마존이 점점 커질수록 소매상은 직격탄을 받을 것이며, 로봇과 자동화를 구비한 공장은 더욱 성장하며 부자가 될 것입니다. 그들은 이미 시스템이 갖춰져 있기 때문에 자본의 쏠림 현상은 더욱 심해질 것입니다. 외국은 이미 저만치 앞서 나가는데 우리는 여유 있게 팔짱만 끼고 있어야 할까요? 우리도 산업을 공부하고, 기업을 벤치마킹하고 외국을 따라해야 합니다. 그렇기 때문에 아이들에게 경제와 세계를 이해시키고 미래학을 공부시켜야 하는 것이죠. 1등도 좋고 2등도 좋습니다. 4차 산업의 핵심에 맞는 소재를 찾아 창업을 해야 일자리가 창출되고 나라가 발전한다는 사실이 중요하니까요. 세상은 앞으로 더 거대 기업과 소기업, 빨리 선점한 기업과 후발주자로의 양극화가 심화될 것입니다. 후발은 정착이 어렵고 경쟁에서 뒤처지기 때문에 빠를수록 좋습니다.

기업가 정신은 필수이고, 창업 교육은 이제 대한민국 혁신의 중요한 방법입니다. 세계를 주도하는 아이템을 개발하면 좋지만 늘 하던 방식인 '패스트 팔로잉 전략'을 활용한 창업이라도 계속 해야 합니다. 여전히 유효한 방법이니까요. 이 방법으로 국내 유망 스타트업이 시작되었고 그들은 벌써 부자가 되었기 때문입니다. 해외에서 뜨는 아이템은 바로 실시간으로 국내에서 앱, 홈페이지, 스타트업으로 만들어지고 있습니다. 중계서비스 사업, 공유 자동차, 플랫폼 사업 등이 그 예시입니다. 구독 서비스는 아이템만 바꿔어 수천 개의 기업이 이미 우리나라에 창업되었습니다. 외국의 사례를 따라하고 국내로 도입하여 창업한 사람들은 부자가 되고 있는 것입니다.

미래 아이템

사물인터넷 · 3D프린터 · 가상현실 · 로봇 · 인공지능 · 스마트디바이스 · 스마트그리드 · 5G · 통신장비 · 시스템반도체 · 반도체 장비 및 소재 · OLED · LED 친환경차 · 스마트카 · 2차전지 · 에너지저장장치(ESS) · 탄소배출저감 · 물 산업 · 원자력발전 · 빅데이터 · 신재생에너지(태양광, 풍력, 지열) · 클라우드 커퓨팅 ·

전자결제 · 게임 산업 · 엔터테인먼트 · 의료기기 · 바이오 · 고령화 · 저출산 · 1인가구 · 뷰티 · 항공우주 · 드론 · 방위산업 · 식량자원 · 스마트시티 · 스마트팩토리(공장자동화)

+

인지컴퓨팅, 인공장기 · 의료, 뇌 – 컴퓨터 인터페이스,
지능형 로봇, 희소금속 리사이클링,
초고속 튜브트레인 · 하이퍼 루프, 하이퍼 디스플레이, 초고용량 배터리

그들의 현재 기술을 우리 실생활과 연결시켜 보고 기업과 주식에 투자해 보면 됩니다. 아마존이 유통의 미래이고, 삼성의 반도체가 4차 산업의 뇌입니다. 디즈니와 넷플릭스가 콘텐츠, 엔터테인먼트 시장의 중심이고, 유튜브가 SNS 시장을 장악할 것입니다. 생활 가운데 제품, 플랫폼, 커뮤니티를 경험함으로써 '미래'와 가까워질 수 있는 기회인 셈입니다.

4차 산업은 우리 아이들의 미래뿐만 아니라, 현재의 부모 세대들의 생존과도 직결되어 있습니다. 효율성이라는 목적 아래 편리한 기술과 하드웨어가 도입되며 취업과 창업에 영향을 미치고 있습니다. 말 그대로 '생존'과 연결된 변화인 것이죠. 서울대 이필상 교수의 말대로 '결국 신산업을 육성하여 새로운 일자리를 창출하는 것'만이 대한민국 미래의 핵심입니다.

앞으로 청소년들이 돈을 벌며 살아갈 4차 산업 시대에는 학벌보

다는 능력, 그리고 스토리를 만들 수 있는 역량이 필요합니다. 더 이상 마이스터고, 특성화고, 전문대학은 공부 못하는 학생들이 가는 학교가 아닌 것입니다. 과거 고졸 인재가 졸업 후 들어갔던 국비직업전문학교도 이제는 실리콘벨리로 연결되고, 대기업으로 연계가 되고 있습니다. 그 의미가 커지고 있는 것입니다. 전문대학 학과 중에는 일반대학에 없는 전공도 많습니다. 자신의 적성과 소질을 살리는 진로 설정에 의한 진학이 매우 중요합니다. 취업이 보장되지 않는 가운데 일반 대학에 무조건 진학하는 시대는 이미 지난간 것입니다.

어른들이 본질을 통찰하고 정책과 방향을 제대로 이끌어나가지 않으면 대한민국은 중요한 시기에 뒤쳐질 것입니다. 정부는 과거의 사고를 버리고, 과감하게 기업을 혁신시켜야 합니다. 정치적 이해관계, 표를 의식한 세금 퍼주기 등의 지원을 넘어서 국가의 존폐, 미래가 달려 있음을 명확히 인식하고 신산업과 국가 대혁신에 최선을 다해야 합니다. 4차 산업은 인식하지 못하면 위기이지만 인식한다면 큰 기회입니다. 위기의 영역은 과감성이 필요하고, 기회의 영역은 속도와 방향이 좌우합니다. 어른들은 아이들이 경쟁에서 이길 자기주도적인 태도, 독립성, 감성과 창의능력, 미래 트렌드, 인간다움에 근거하여 양육해야 할 때입니다. 그리고 미래는 과거와 달리 주인공보다는 기획하고 편집하고 전체를 아우르는 감독의 역량을 가진 사람이 대우받을 수 있음을 기억해야 합니다.

진로는 직업보다 우선시되어야 한다

직업은 사전 의미 그대로 생계를 목적으로 하는 것입니다. 먹고 살기 위해 하는 것이라는 뜻입니다. 거창하게 꿈, 가치관 등의 의미를 부여하기 이전에 먹고사는 문제인 것입니다. 할아버지 시대는 가족들을 먹여 살리기 위해 직업을 가진 경우가 많았지만 요즘은 생계유지뿐만 아니라 '자아실현' 역시 중요한 직업의 가치가 되었습니다. 실제로 소확행, 워라벨(일과 삶의 균형), 욜로 등의 단어로 인생의 균형을 맞추기 위해 활발한 움직임이 나타나고 있으니까요. 소질과 적성을 살려서 하고 싶은 일을 하며 생계를 유지하는 것은 참 행복한 일입니다. 교육 현장에서 중요한 것이 바로 '균형성'입니다. 꿈과 현실의 균형을 맞추는 것으로 아이들에게 한쪽으로 치우쳐서 하고 싶은 일을 하라고만 할 수도 없고, 그렇다고 무조건적으로 현실에 매몰되어 살라고만 할 수도 없습니다.

사실 자신이 좋아하는 일이지만 현실적으로 생계를 유지하기 어려운 경우도 많습니다. 예술가, 취미활동 중심의 직업, 프리랜서, 창작가, 진입 장벽이 낮은 시장이 그런 예입니다. 그런데 대기업에 다니거나 증시에 상장한 중견기업, 벤처기업에 취직하는 경우는 30%도 되지 않습니다. 나머지 70%는 생계를 유지하려 허덕이고 있는 것입니다. 그렇기 때문에 무조건적으로 아이들에게 큰 꿈을 갖고 도전하며 살라는 것은 책임질 수 없는 말일 수 있습니다. 실패의 결과는 참담하기까지 합니다. 그런데 우리나라는 한번 실패하면 재기가 어려운 사회이기도 합니다. 금수저는 재기의 가능성이 높지만 흙수저들은 재기 자체가 어렵다는 말입니다. 그렇기에 정부와 학교는 무조건적으로 도전과 창업을 권유해서는 안 됩니다. 무작정 소질과 적성을 살리는 것이 행복이라고 아름답게 포장해서도 안 됩니다. 돈을 못 벌고, 불안정한 고용에 있는 것 자체가 아픔입니다.

죽어라 일만 하는 것도 삶의 의미가 퇴색되는 일일 것입니다. 워라벨 현상은 우리사회의 '저녁이 있는 삶'을 향한 미생들의 토로입니다. 단순히 퇴근 후에 소소한 행복을 위한 취미가 아닙니다. 근본적인 삶과 일의 균형성에 대한 욕구를 말하는 것이니까요. 세상이 이상적이고, 미래지향적으로 변화된다면 아마 세상은 지금보다 더 긍정적인 곳이 될 것입니다. 그래서 균형성을 가지며 삶을 살아가야 합니다. 책임감 없는 어른들, 긍정의 면만 강조하는 진로강의 전문가들이 무작정 아이들에게 '꿈'만 키우라고 강조해서는 안 됩니다. 현실은 다릅니다.

직업에 귀천이 없다는 말은 모든 것은 귀하고 천한 것이 없다는 말입니다. 그런데 왜 우리나라의 대학과 직업에는 귀천이 있는 것처럼 느껴질까요? 사실 직업에는 귀천이 없고 '차이'만 있음에도 왜 이리 대한민국의 입시 광풍, 취업 편중화가 심한 것일까요? 아니면 어른들이 귀천이 있음에도 솔직하지 못해서 일까요? 2년 전 모 회사에서 설문조사를 하였습니다. 사람들은 '어렵고, 위험하며 더러운' 직업을 3D 직업으로 인식하여 은연중에 직업의 수준을 구분한다고 하였습니다. 사회적 인식, 소득 수준, 업무 환경, 직업 안정성, 전문직 등 사회적 기여에 따라 우리는 알게 모르게 직업을 의식하고 있는 것입니다. 부자 부모들은 이러한 인식을 냉정히 받아들입니다. 그리고 이에 대한 분명한 가치와 방향을 설정합니다.

지금 우리에게는 바로 '진로 교육'이 필요합니다. 세상은 급변하고 있고 평생직장이 없어져 가고 있고 점점 더 취업은 어려워져만 가고 있습니다. 젊은 세대들에게 더 이상 '헌신'과 '인내'가 중요한 가치가 아닙니다. 기업과 세상에 대한 개인의 인식과 사고가 바뀐 것입니다. 이직과 퇴사가 빈번한 이 시대 가운데 아이들은 올바른 진로 교육을 통해 세상에 적응하는 힘을 길러야 합니다. 지금은 큰 틀의 진로 안에서 빈번한 이직과 직업을 바꾸는 세대입니다.

직장을 바꾸는 것 이상으로 직업을 바꾸는 경우도 빈번합니다. 직업의 유통기한이 매우 짧아진 것으로 진로를 바꾸거나 이직을 하더라도 적응하고 변형 가능한 직무역량, 사회적응 훈련을 국가에서는 책임지고 서비스 해야 합니다. 즉 직업의 탄생과 소멸이 빈번한 4차 산업 시대에 특정 직업을 맞춤형으로 교육하는 일은 위험하다는 뜻입니다.

진로와 직업은 다릅니다. 진로는 시간에 기대어 인생을 설계하는 것입니다. 여러 경험을 하고, 관찰을 바탕으로 자신의 달란트, 흥미, 강점을 발견해야 합니다. 직업은 그러한 진로 중에 하나일 뿐입니다.

뮤지컬 배우가 꿈이었던 지인의 딸은 여러 가지 이유로 그 꿈을 포기했습니다. 하지만 지금은 시에서 운영하는 예술 단체에서 뮤지컬 공연 기획을 하고 있습니다. 예술의 길을 걸으며 예술이라는 영역 아래서 배우가 아닌 연출과 행정 업무를 하는 것입니다. 모 청년의 경우 봉사활동을 높은 가치로 여겼지만 부모님과 주위 사람들의 반대로 취업 활동을 할 수밖에 없었습니다. 그런데 자신이 좋아하면서 주위 사람들을 만족시킬 수 있는 국제 봉사 단체에 입사하여 충분한 급여와 자신이 기획한 봉사활동으로 만족하며 인생을 살고 있습니다. 또 다른 아이는 하라는 공부는 하지 않고 매일 귀에 이어폰만 끼고 음악을 듣습니다. 용돈을 주면 음반만 주구장창 모았습니다. 부모의 한숨은 늘어났죠. 결국 실용음악 학원 보컬반을 다니기 시작했습니다. 그런데 독창적이지 못한 음색과 대중 음악 시장을 어필할 매력이 부족했습니다. 아이의 부모는 이왕 진로를 음악 분야로 정했으니 확장해 보기로 하고 사운드 엔지니어링, 음향, 작곡, 편곡 쪽으로 눈을 돌리기 시작했습니다. 그 아이는 어떻게 되었을까요? 부모의 지원 아래 승승장구하며 현재 3대 엔터테인먼트 기획사의 엔지니어가 되었습니다.

뮤지컬 배우에서 공연기획자, 봉사 활동가에서 국제 구호단체 담당자로, 보컬리스트에서 작곡, 엔지니어로 직업이 변할 수 있었던 것은 진로를 이해하고 융합, 확장했기 때문입니다. 이것이 진로 교육의 목적이고 본질입니다. 꿈을 이루지 못할 수도 있고, 직업이 사라질 수 있는 이 시대 가운데 아이들에게 진로의 역량과 보다 넓은 길을 보여주어야 합니다.

진로가 이제는 이해가 되나요? 직업에만 국한이 되어서는 안 됩니다. 진로는 특정 직업이 아닌, 취업과 창업에 대한 공통 역량을 함양하는 길입니다.

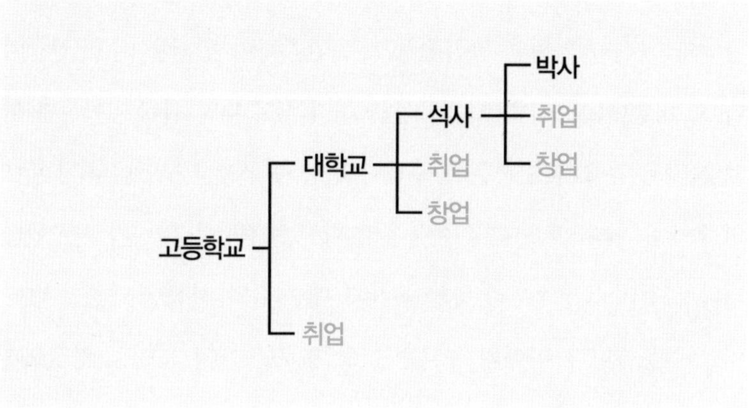

달란트에 맞는 취업과 창업교육이 진로 교육의 핵심입니다. 회사에 취업하거나 내 회사와 가게를 창업하는 것이 결국 인생입니다. 위 예시의 아이들을 살펴보시기 바랍니다. 진로의 역량을 키우며 결국 취업하거나 창업을 했습니다. 공부 부자 역시 치과를 창업하거나 누군가의 치과 병원에 페이닥터로 취업을 하게 됩니다. 이 경우도 치과

의사지만 취업과 창업으로 진로가 나뉘는 것입니다. 결국 우리는 취업을 하거나 창업을 해야 된다는 것을 분명히 이해하고 나가야 합니다. 실제로 북유럽과 독일 등 외국의 진로교육은 이 취업과 창업에 대한 이해에서 시작된 것입니다. 또한 정부가 다양한 직업 현장을 이해하고, 부모 역시 산업 현장의 중요성을 알고 있기 때문에 초등 저학년 때부터 실무 역량을 길러주기 위해 교육합니다.

진로는 인생에서 먹고 사는 문제가 걸린 아주 큰 문제입니다. 인생은 편하게 살 수도 있지만 이보다 좀 더 불편하게도 살 수 있습니다. 이런 모든 것들을 결정하는 것이 과거 산업화 시대에는 지식과 진학이었다면 지금은 스팀(융합)교육, 4차 산업교육, 기업교육, 실무교육, 어른교육인 것입니다. 이 모든 것을 합쳐 '진로교육'인 셈으로 진로는 말 그대로 나아가는 방향, 나아가는 길입니다. 그 길의 끝에는 '미래'가 있습니다. 그 길 가운데에는 직업뿐 아니라 삶, 부동산, 돈, 인간관계, 가족, 친구, 사회, 인성, 행복 등이 있습니다. 이 모든 것을 학교와 가정에서 '진로교육'을 통해 배우는 것입니다. 단순히 직업교육이 진로교육이 아님을 꼭 명심하길 바랍니다.

진로교육이 중요한 이유는 아이들의 꿈을 실현할 방법이며 삶의 이유이기 때문입니다. 꿈은 삶의 원동력으로 인생의 목표입니다. 크기가 클 수도 있고 작을 수도 있으며, 많을 수도 있고 적을 수도 있습니다. 꿈을 갖는다는 것은 인간다움을 의미합니다. 그렇기 때문에 꿈은 이유와 동기가 있어야 합니다. 때로는 꿈을 이루기 위해 돌아갈 수밖에 없을 때가 있습니다. 시간이 소요되고, 과정 가운데 큰돈이 필요할 수도 있습니다. 때문에 꿈을 이루거나, 간절하게 원하는 사람이 생각보다 적습니다. 그럼에도 꿈을 찾는 것이 중요합니다. 꿈을 찾기 위해서는 사람들을 많이 만나고 다양하게 경험하고, 오감으로 생각하는 등 생각이 열려야 합니다.

진로를 중심으로 직업을 선택할 수 있게 가르쳐야 합니다. 그렇게 하기 위해서는 아이들과 함께 걸어야 합니다. 비바람도 함께 맞아 보며 세상을 경험하는 것이 다양한 관점을 기르는 윤활유가 될 것입니다. 방에서 인터넷으로 세계여행을 하는 것과 온몸으로 부딪히며 떠나는 여행은 다른 차원입니다. 그것이 진로의 중심입니다. 삶에 대한 체험이 중심이 되어야 하는 것입니다. 어른들이 말하는 '젊었을 때 고생은 사서도 한다'라는 말과 같은 맥락입니다.

다시 강조하지만 직업과 직장은 언젠가 사라집니다. 하지만 직업으로 가는 길인 진로는 남아 있습니다. 그 길은 파생되고 확장됩니다. 그리고 새로운 길로 연결됩니다. 길은 서로 연결되어 직업은 사라져도 새로운 직업을 만들어내거나 확장시킬 수 있습니다. 그래서 이제부터라도 진로를 다각도로 멀리 보며 즐겁게 진로교육을 하면 좋겠습니다.

여기서도 잠시 멈추어 생각해볼까요?

1. 공부만 성실히 하면 누구나 원하는 학교에 입학할 수 있다.

2. 원하는 학교와 전공이 아닐 경우, 편입과 재수가 쉽고 빈번하다.

3. 청년들이 대부분 원하는 전공을 선택했고, 해당 전공을 살려서 취업하는 경우가 많다.

4. 대학 진학 이후 6년간 중고등학교에서 배운 지식을 써먹는 경우가 많다.

5. 대학 진학만 하면 졸업 후에 취업이 된다.

6. 아이들은 결국 취업이나 창업을 해야 하는데 스펙만 잘 쌓으면 취업이 잘 된다.

7. 창업은 돈만 있으면 된다.

8. 장래희망만 있으면 그 꿈을 누구나 이룰 수 있다.

9. 국가가 우리 아이들의 미래, 연금, 삶을 책임져줄 것이다.

10. 정부가 사교육 완화를 충분히 할 수 있다.

11. 우리사회는 아름다운 사회이므로 성적, 스펙보다 사람을 보고 채용할 것이다.

12. 암기하는 것은 소용없는 일이다.

PART 2

미래를 읽어야 인생이 바뀐다

01

미래학 부자 :
미래를 읽으면 부자가 될 수 있다

이 책을 읽는 당신은 '과거지향적'인 사람인가요? 아니면 '미래지향적'인 사람인가요? 잘되는 사람이나 기업의 특징은 미래지향적이라는 사실은 대부분 알고 있을 것입니다. 저 역시 현장에서 아이들에게 강조하는 것 중에 하나가 '미래학'입니다. 미래를 왜 알아야 할까요? 바로 부자로 살 수 있는 연결고리가 있기 때문이죠. 자, 그렇다면 이제부터 부모는 자녀의 미래를 위해 어떤 준비를 해야 할까요?

추천하고 싶은 미래 관련 도서로는 '트렌드 리포트', '4차 산업 기업의 주식 보고서'와 같은 종류를 각 5권씩만 읽어보길 바랍니다. 미래는 유동적인 시공간이므로 특정된 아이템도 중요하지만 변화 과정과 흐름을 파악하는 것이 더 중요합니다. 이와 같이 '미래 기업', '미래 CEO'를 5명씩만 분석해보면 파악하기 한결 수월해질 것입니다.

'기업의 미래분석만 잘해도 70%는 합격이다'라는 말이 있습니다. 해외 IT 기업들은 공격적인 M&A를 통해 미래 일자리를 창출하고 있습니다. 기업 인수합병인 M&A는 자본시장의 꽃으로도 불리죠. 실제 전 세계 스타트업은 이 M&A를 통해 성장하고 있고, 투자를 받으며 창업 생태계를 조성하고 있습니다. 자녀가 부자가 되고 사회적 기업에 취업하기 위해서는 바로 이 기업의 형태와 경영, 산업을 분석할 수 있는 능력이 있어야 합니다. 스타트업은 '미래성'을 기반으로 운영되고 있으며 대기업들은 자본력을 바탕으로 스타트업을 인수합병하며 그 미래성을 완성하고 있는 것입니다. 그렇다면 앞으로의 인재란 기업의 미래와 세상의 변화를 이끌고 대응할 수 있는 자질이 있는 사람이겠죠.

넷플릭스는 PC, 모바일 등의 망을 통해 실시간 동영상을 전 세계로 서비스하는 기업입니다. 전 세계 가입자가 1억 5천 만 명을 훌쩍 넘은 글로벌 기업이며 미래 콘텐츠를 중심으로 2018년에는 12조 매출을 기록한 거대 기업입니다. 넷플릭스는 어떻게 우리 사회에 큰 파장을 일으키고 부자가 되고 있을까요? 아날로그 → 디지털 → 인터넷망으로 넘어가는 미래 기술의 흐름을 이해하고 그 시장으로 올라탔기 때문입니다. 전통적 TV 시장에서 모바일 중심 세계로 변화하였고 다시 다양화된 콘텐츠를 내놓는 사업들이 확장되어 퍼지고 있는 것이죠. 물론 이 스트리밍은 진입 장벽이 낮습니다. 말 그대로 인터넷망 위에 콘텐츠를 태워서 송신하면 되기 때문인데 이 기업들은 송신할 수 있는 채널 자체를 보유하고 있는 것이니 사업은 무서운 속도로 나아갈 수밖에 없는 것입니다. 유튜브, 넷플릭스가 그러한 기업입니다. 복잡하다면 그저 단순히 생각하면 됩니다. 유튜브와 넷플릭스는 미래를 읽었기 때문에 성장할 수 있었습니다.

국내에 S라는 회사가 있습니다. 주가가 2년간 30배가 넘게 상승한 회사입니다. 왜 이렇게 많이 올랐을까요? S 회사가 납품하는 MLCC(적층세라믹콘덴서) 때문이었습니다. 수요 대비 공급이 부족해지자 가격 상승은 가파르게 진행되었고 곧 실적으로 이어진 것입니다. 앞으로 IT기기의 고성능화, 4차 산업의 심화 관련된 주식은 더욱 상승할 것으로 예상이 됩니다. 같은 원리로 5G, 2차 전지 관련주들이 상승을 했고 추가 상승을 꾀할 수 있게 됩니다. 왜일까요? 바로 '미래학'에 근거해 있기 때문입니다. 꼭 4차 산업 관련 주식들을 찾아보기를 바랍니다. 얼마나 상승했는지 꼭 확인도 해봐야 합니다. 또한 '바이오 · 헬스케어' 관련 회사는 미래에 어떠할지 눈여겨볼 필요도 있습니다. 노령 인구의 증가와 고령사회로의 진입 속도가 빨라지면서 건강에 대한 관심도 높아지고 그에 따라 지출도 함께 늘어날 것이기 때문입니다. 곧 이런 분야로 취업이나 창업을 한다면 성공할 확률이 더욱 높아지겠죠.

현재 우리나라는 고령화 사회입니다. 이미 잘 알고 있겠지만 생산 가능 인구의 성장은 정체되어 있고 저출산은 아주 심각한 상황입니다. 그러므로 산부인과나 영유아 교육과도 같은 사업은 대중성보다는 고급 프리미엄화를 야기할 것입니다. 학생 수가 줄어드는데 교육 사업이 활성화되는 것은 힘들어지겠죠.

미래를 알지 못하면 무작정 청소년과 유아 분야로 창업하거나 과거 방식의 비즈니스 모델을 그대로 적용하는 착오를 범하게 될 것입니다. 반면 누군가는 수명은 늘어나고 노인은 넘쳐나고 있는 이때에 시니어 사업을 시작할 것이고, 또 누군가는 농촌으로 가서 6차 산업을 통해 각종 즙 사업을 시작할 것입니다. 어떤 사람은 지방의 농촌 주민과 상생하며 부자가 됩니다. 같은 원리로 개호식품도 점차 각광을 받고 있습니다. 음식을 씹기 어려운 누군가에게 밥, 반찬은 소화하기 어려울 수 있기 때문이죠. 이 개호식품의 아이디어와 인사이트는 우리보다 고령사회가 일찍 시작한 일본에서 힌트를 얻은 것입니다. 눈치 채셨나요? 일본, 미국, 유럽, 중국 등 우리의 미래를 먼저 겪은 나라로부터 미래사업 아이템을 가져오는 것도 방법이 됩니다. 미래를 읽고 대비하는 사람에게 힌트를 얻는 것입니다.

우리나라의 고령화 문제는 실제로 체감하지 못할 뿐이지 심각한 문제입니다. 2050년에는 총 인구 대비 40% 이상이 노인이 차지하는 세상이 될 것입니다. 말 그대로 노인 천국이 되는 것이죠. 그러니 당연히 실버 산업, 헬스케어, 제약바이오 등이 각광을 받는 이유입니다.

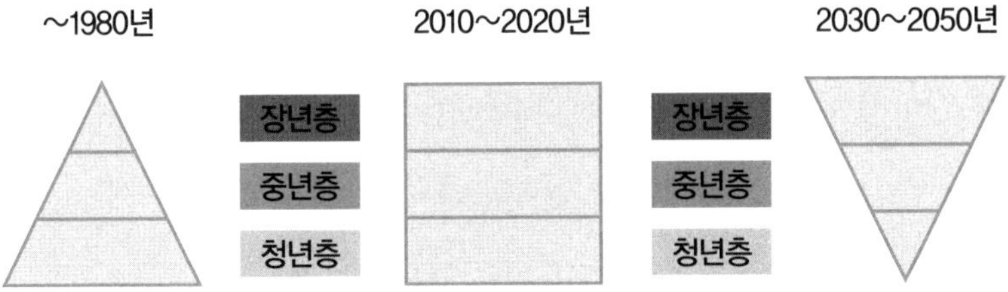

이 심각성은 단순히 인구가 줄어들고 고령화 사회가 심화될 것이다 정도의 수준에 머무르면 안 됩니다. 우리는 그래서 앞으로 '무엇을 해야 하고, 무엇이 더 심화될 것인가?' 등을 고민하는 훈련을 해야 합니다. 예를 들어 앞으로 저출산의 늪은 더욱 심각해질 것이라는 예상을 해보는데 이유로는 과거의 가족 형태에서 벗어나 지금은 개인의 자기만족이 강해졌기 때문입니다. 이미 우리는 개인주의 문화가 시대를 이끌고 있는 패러다임 속에 살고 있습니다. 게다가 경제적 문제, 내 집 마련 문제도 빼놓을 수 없습니다. 그렇기 때문에 정확한 문제 인식을 통해 획기적이고 확실한 방법으로 출산율 상승을 유도해야 합니다. 이미 바꿀 수 없는 흐름인 것을 인지하고 단기적인 지원만 하는 것이 아니라 지원 외에 육아와 양육이 편한 환경을 사회는 만들어 주어야 하는 것이 절실합니다.

또한 대한민국 생산 가능 인구의 하락은 외국인의 유입과 다문화 가정의 확대로 어느 정도 보완이 될 것이라 생각합니다. 관련 규제를 재정립하고 법령을 개정해야 하는 일이 남아 있지만 충분히 내수에도 도움이 되고, 소비의 규모와 총량도 증가할 것으로 보입니다. 그때 우리는 미국과 다른 여러 나라의 사례를 미리 연구하고 분석하여 앞으로 발생할 문제점과 장점을 파악하는 과정이 필요한 것입니다. 우리와 닮은 일본의 사례를 공부해야 하고, 미국의 여러 이슈를 읽을 수 있으며 유럽의 다문화를 이해해야 합니다.

이것이 바로 '미래학'을 부모와 아이가 공부해야 하는 이유입니다. 부모가 사는 지금 사회보다 앞으로 우리 아이들이 살아갈 미래는 여러 분야에서 완전히 다른 세상이 올 것을 예측하고 대응하는 자세가 필요합니다. 다시 강조하자면 일본, 미국, 유럽의 좋은 문화, 이미 발생한 문제점, 복지 정책, 고령화 정책, 시니어 사회의 해법, 잘되는 사업 영역 등을 공부하고 자신의 삶에 적용시키는 것이 부자로 가는 지름길임을 기억해야 합니다.

여기서 또 다른 현실적 미래를 살펴보겠습니다. 최저 임금이 인상되고, 단순 업무를 대체할 기술이 발전하고 있습니다. 이른바 '키오스크(무인 자동주문시스템 기기)' 시스템이 확산되고 있는 것입니다. 그렇다면 키오스크 기술이 발전하고, 무인자동화 가게가 증가하게 된다면 각광받는 신사업, 기존 사업 분야는 어디일까요? 바로 해킹과 보안 영역입니다. 자율 주행차, 사물 인터넷, 인공지능의 모든 시스템에 있어 보안은 매우 중요하기 때문입니다. 누군가 마음대로 조종하고 침입하여 시스템을 마비시킨다면 경제적 손실은 물론이거니와 2차, 3차 피해로 연결되기 쉽습니다. 그렇기 때문에 '비트코인'으로 유명해진 보안 기술인 '블록체인'의 연구 필요성이 각광받는 것입니다. 이제 좀 더 이해가 되나요? 미래 기술이라고 배우는 현재의 기술들이 어떻게 연결되고 있는 것인지요. 기술은 연결되고 융합됨으로써 서로 발전하게 됩니다. 우리 아이들에게 미래를 배우게 할 때는 바로 현실과 연결된 소재로 사례를 들려주어야 효과가 큽니다.

요즘 10대 아이들의 장래희망 1순위가 유튜버라고 합니다. 아프리카 TV와 유튜브는 10대뿐 아니라 시니어의 유입으로 더 활발하게 운영되고 있습니다. 어느 순간이면 유튜브에서도 프로그램을 기획하여 자신들만의 실시간 방송국이 만들어질 것입니다. 전 세계 통합형 라이브 프로그램, 해당 국가에 맞는 연예인을 섭외하여 프로그램을 진행하는 것이죠. 마치 무너지지 않을 것 같았던 공중파의 주도권이 종편 채널로 넘어간 것과 같이 말입니다.

넷플릭스가 꿈꾸고, 유튜브가 꿈꾸는 글로벌 방송국이 수년 안에 나올 것입니다. 그렇다면 우리도 흐름을 놓쳐서는 안 되겠죠. 함께 파도를 타야 합니다. '부'에 있어 가장 큰 파도인 유튜브에 업로드 등록을 신청하고 가족이 함께 놀이처럼 기획할 수 있어야 합니다. 어떤 콘텐츠를 촬영하고 어떻게 편집할지 재미있게 기획하면 좋겠죠. 아마 돈은 안 벌릴 것입니다. 돈과 대중성의 욕심도 갖되 먼저는 과정에 집중하며 추억 만들기에 주안을 두시기 바랍니다.

중요한 것은 유튜브를 중심으로 미디어 시장이 확장될 것이고 그 유튜브라는 선박에 자신의 의지와는 상관없이 올라타게 될 것입니다. 유튜브는 새로운 비즈니스 모델을 발견할 수 있게 하며 기존의 사업과도 연결시킬 수 있습니다. 또한 트렌드를 읽는데 매우 유용하기도 합니다. 이러한 유튜버 활동이 좋은 학습의 기회가 되는 이유는 '유튜버'라는 직업이 외국에서는 '콘텐츠 크리에이터'로 불리기 때문입니다. 말 그대로 무언가를 만드는 사람이 되어 보는 것이 꿈이 된 세상인 것입니다.

부모는 더 이상 아이들에게 과거의 전통적인 사고방식과 교육을 가르치려고 고집할 것이 아니라 변화되고 있는 사회를 가르치며 미래학에 눈길을 돌려야 합니다. 그리고 자본의 이동과 사람다운 삶에 대해서도 교육해야 합니다. 이제는 가정과 학교에서 충분히 미래학을 놀이처럼 배우며 어른의 역량을 미리 배울 수 있어야 하고, 현재 인류가 안고 있는 여러 문제점들을 미래 기술을 이용해서 풀 수 있도록 지도해야 합니다. 앞으로 기업은 이러한 인재를 소유하려 하고, 큰돈을 들여 영입하려 할 것입니다. 인공지능과 미래산업이 인간을 대체하거나 인간을 기존 현장에서 몰아낸다면 인간은 기본 소득제에 의지하며 지내거나 새로운 산업, 일자리를 창출해 나갈 것입니다. 그렇기 때문에 아이들이 미래학을 공부하고 예측하는 습관을 가지며 나아가야 합니다. 그것이 비전이고 미래를 위한 현실의 준비 조건인 것입니다. 가정에서는 기업과 세상을 자녀가 알 수 있도록 많이 가르쳐야 할 때입니다. 입시에 찌든 아이들은 지쳐 있지만 세상이 어떻게 돌아가는지, 자신의 진로를 탐색하는 것에는 흥미가 많을 것입니다. 이 모든 것들을 균형 있게 가르쳐준다면 자녀는 자신의 장점과 재능을 극대화시킬 수 있게 됩니다.

세상 모든 아이들은 사랑받아야 하고 머리 또한 좋습니다. 물론 입시 공부에 맞는 천재는 아닐 수 있어도 각자의 개성대로 자신의 분야에서는 천재임을 잊지 말아야 합니다. 충분히 입시가 아닌 다른 분야를 통해 부자가 될 수 있으며 행복하게 살 달란트를 품고 있다는 사실을 말이죠. 이제 부모와 교사, 국가는 아이들과 미래를 함께 그려보고, 그들의 역량을 기를 수 있도록 다양한 노력을 기울여야 할 때입니다.

02

콘텐츠 부자 :
콘텐츠는 미래의 노다지다

앞서 4차 산업혁명이 아닌 3.5차 산업혁명으로 이해하는 것이 낫다고 이야기했습니다. 그렇다면 지금 무엇을 해야 할까요? 현실적인 방법으로 '콘텐츠'를 추천하고 싶습니다. 과거에도 지금도 콘텐츠는 돈이 되고 있지만 미래에는 더욱 큰돈이 될 것이기 때문입니다. 미래는 콘텐츠를 보유하고 있거나 창작할 수 있는 능력, 메이킹 역량, IT 재능의 시대라고 해도 과언이 아닙니다. 지금 1인 콘텐츠 크리에이터가 증가하는 것은 단순히 유튜브가 재미있고 돈이 되기 때문이 아니라 시대상, 인재상의 변화를 의미하는 것입니다. 콘텐츠는 아이템과 아이덴티티(정체성)를 의미입니다. 자기소개서를 쓰더라도 자신만의 경험을 바탕으로 한 나만의 콘텐츠가 있어야 원하는 곳에 들어갈 수 있습니다. 창업 지원을 받기 위해 신청서를 작성할 때조차 분명한 콘텐츠가 있어야 지원도 받을 수 있으니까요.

아이들을 콘텐츠 부자로 만들어야 합니다. 나만의 무기, 정체성을 갖고 있어야 하며 남들이 좋아할 대중성을 '알맹이'로 만들어 아이템으로 정착시킬 능력이 필요합니다. 기업은 황금알을 낳을 거위라는 콘텐츠를 원하고 있고 자신만의 콘텐츠를 가지고 있는 사람을 뽑고 있습니다. 과거에는 콘텐츠 제공자가 한정적이었으나 스마트 기기의 보급 확대로 이제는 누구나 '콘텐츠 크리에이터'가 될 수 있습니다. 남들은 가지지 못한 경험을 사례로 콘텐츠를 풀어간다면 자소서에서 우위를 점할 수 있고, 콘텐츠를 아이템화시켜 부자가 될 수도 있습니다.

세계적 콘텐츠 기업인 '월트 디즈니'를 살펴보겠습니다. 얼마 전 '월트 디즈니'가 713억 달러(79조)를 제시하며 '21세기 폭스'를 인수했습니다. 만화영화 업체가 무슨 돈이 있어 무려 79조나 돈을 쓰고, 왜 영화사 인수에 혈안이 되었는지 생각해 보아야 합니다. 바로 콘텐츠와 M&A 때문입니다. 이 부분은 전통적 산업의 세대 교체가 이루어지고 있는 매우 중요한 사건임을 강조하고 싶습니다.

월트 디즈니는 2009년에 마블스튜디오를 인수한 이후 캐릭터 콘텐츠인 아이언맨, 헐크, 토르, 캡틴아메리카, 어벤저스 등의 대박 행진을 내고 있습니다. 놀라운 영업 이익이 따라오는 것은 당연하겠죠.

실제로 월트 디즈니의 2018년 예상 매출액 및 영업 이익은 586억 달러(65조), 147억 달러(16조)로 우리나라 자동차 회사의 5배의 판매, 전자 업체의 7배에 육박합니다. 콘텐츠가 돈이 되는 시대이고, 앞으로는 더 돈이 되는 시대입니다. 콘텐츠를 보유하고 저작권을 가지고 있다는 것은 계속 리메이크하여 '돈'을 만들 수 있음을 의미합니다. 또한 영상 콘텐츠뿐 아니라 디즈니 테마파크, 리조트와 연결하여 캐릭터 상품 및 공연 콘텐츠로 이어질 수도 있습니다.

이때 중요한 것은 저작권, 지적재산권입니다. 콘텐츠를 만들고 소유하고 있음은 바로 판매권과 연계권을 가지고 있음을 의미합니다. 2차 판권 및 부가사업이 가능한 IP를 가지고 있는 회사는 향후 수백년간 현금을 만들 수 있습니다. 이들은 돈과 미래성장 먹거리를 목표로 콘텐츠를 만들고 인수하고 있는 것입니다. 20년 전에 개봉했던 캐릭터(토이스토리, 라이온킹, 겨울왕국, 스타워즈, 어벤저스 등)도 나올 예정이니 콘텐츠 업계의 미래 먹거리는 무궁무진한 셈이죠.

이 같은 M&A는 바로 우리 아이들의 미래에 큰 영향을 끼칠 수 있는 사건입니다. 소기업의 몰락과 대기업의 M&A 합체로 인한 대기업으로의 확장, 획일화된 콘텐츠에서 다양한 콘텐츠로 진화, TV와 영화의 2가지 채널에서 온라인 플랫폼의 채널 공급 변화, 전 세계적인 캐릭터의 순환 가능성 등은 융합과 재창조의 과정을 거쳐 다양성으로까지 확장되는 일입니다.

이번 인수를 통해 월트 디즈니는 폭스의 무수한 캐릭터에 대한 판권은 물론이고, 새로운 콘텐츠를 만들 노하우를 가진 인재들도 손에 쥐게 되었습니다. 또한 훌루라는 플랫폼 업체를 소유하게 되어 보다 강력한 공급력을 과시할 수 있게 되었습니다. 아바타, 엑스맨, 데드풀 등 히트작 캐릭터도 보유하게 된 것이라고 이야기하면 더욱 실감이 됩니다. 이제 미래 비즈니스 방향을 훈련된 인사이트를 통해 읽고 해석할 수 있어야 합니다. 시간이 있다면 왜 사람들은 월트 디즈니에서 만든 영화에 열광하며 돈을 쓰는지 확인해도 좋을 것입니다.

지금은 예전보다 TV의 영향력이 줄어든 스마트폰 시대입니다. 스트리밍 서비스는 그런 면에서 미래 먹거리인 셈이죠. 우리 아이들도 단순히 TV 중심의 사고가 아닌 플랫폼의 이해, 스트리밍 서비스의 이해가 필요한 시대 속에 살고 있습니다. 콘텐츠의 중요성을 인식하고, 콘텐츠의 유통 채널, 공급 채널을 공부하는 것이 미래의 방향인 것입니다.

10대 아이들이 유튜브, 아프리카 TV에 빠져 있는 것은 시대의 흐름을 잘 타고 있다는 것입니다. 세상은 획일화된 콘텐츠에서 다양한 콘텐츠로 진화, TV나 영화 등 독과점 채널에서 다양한 온라인 플랫폼과 채널로 공급자가 변화되고 있습니다. 크리에이터와 BJ라는 직업이 아이들에게는 선망의 대상이 된 세상이니까요. 이처럼 다양한 채널과 크리에이터의 등장은 콘텐츠를 소유하고 있고 만들 수 있는 기획력이 필요함을 의미합니다. 아이들은 이제 스토리와 역량 중심을 길러야 합니다. 즉 콘텐츠를 만들 수 있어야 한다는 말입니다. 기업은 자신만의 콘텐츠가 있는 인재를 원합니다. 이제부터는 아이들이 좋아할 소재를 가지고 기업의 이해와 더불어 세상을 이해시켜야 합니다.

콘텐츠의 중심은 기획과 표현입니다. 특히나 기업 현장에서 표현 부분은 영상을 통해 확산되고 있습니다. 네이버, 구글, 인스타그램, 카카오, 알파벳 모두 동영상 서비스에 큰돈을 투자하고 있습니다. 사진으로 보는 재미보다 영상으로 보는 재미가 더 하며 신뢰도를 주기 때문입니다. 정보의 형태가 글과 사진에서 영상으로 바뀌고 있습니다. 사람들이 포털 사이트에서 검색하던 시대는 저물고 있습니다. 유튜브에서 정보를 얻는 사람들이 늘었으며 일반 사이트에서는 검색을 하더라도 영상을 꼭 함께 노출해야 잘될 수 있는 시대입니다.

한류 콘텐츠를 예로 들어보면 드라마 〈태양의 후예〉는 편당 25만 달러에 수출되었고, 〈당신이 잠든 사이에〉는 편당 44만 달러에 판매가 되었습니다. 이를 구입한 '아이치이' 같은 회사들은 실적이 급상승하고 있습니다. 한류 콘텐츠가 돈이 되는 것을 알고 있기 때문입니다. 만약 당신의 아이가 공부는 안하고 방송을 좋아한다면 무조건 "하지마!"라고 이야기할 필요가 더 이상 없습니다. 오히려 기회를 잡아 프로그램 제작사, 의상팀, CG팀 등에 관심을 돌리게 만들면 됩니다. 관심을 해당 분야의 진로로 돌리면 되는 것이고, 어차피 진로는 아이템만 다를 뿐 원리는 같기 때문입니다. 누군가 대학교에서 이론을 공부할 때 누군가는 자신만의 포트폴리오를 만들며 현장으로 뛰어든다면 나쁘지 않은 선택이 될 것입니다.

IHQ, 제이콘텐트리, CJ E&M 등 콘텐츠를 만들고 제공하는 회사를 분석하는 것도 좋습니다. 넷플릭스, 월트 디즈니, 덱스터 등도 분석해 보세요. 특히 우리나라 최고의 콘텐츠 회사인 '스튜디오 드래곤'을 분석하는 것은 좋은 공부가 됩니다. 눈으로 시청하던 아이가 프로그램의 구성을 말하기 시작할 것입니다. 시청만 하던 아이가 PD의 입장, 제작사의 입장이 되어 풍성한 기획력을 지닌 아이로 성장할 것입니다. 아직 한류의 가능성은 저평가된 상태라는 것을 기억하길 바랍니다.

이제부터라도 부모의 생각이 바뀌어야 합니다. 게임이 돈이 되고, 엔터테인먼트 큰돈이 되고 있는 세상에서 콘텐츠는 거대한 자본력이 됩니다. 콘텐츠가 돈이 되고 있습니다. 그룹 트와이스를 좋아했더니 JYP 주주들이 부자가 되었고, 게임 리니지를 신나게 했더니 엔씨소프트 주주들은 부자가 되었습니다. 또한 아마존 직구 세일을 감사한 마음으로 구매했더니 아마존은 시가 총액 1조 달러에 이르렀습니다. 죽어서도 마이클잭슨 재단은 비틀즈의 히트곡 260곡에 대한 판권을 통해 수백억 원을 매년 벌어들이고 있습니다. 추락하던 소니는 게임과 음악 저작권으로 흑자로 전환하게 됩니다.

단순히 소프트웨어 콘텐츠에만 국한되어 있는 것은 아닙니다. 좋은 아이템, 콘텐츠를 오프라인에서 유통하는 것으로도 부자가 될 수도 있습니다. 수많은 서민 갑부, 후천적 부자, 신흥 부자들은 지금도 돈이 될만한 아이템과 콘텐츠를 찾아다니고 있다는 사실을 알아야 합니다. SNS에 세태 풍자 그림을 업로드하여 부자가 되기도 하고, 농업용 전자가위를 수입하여 부자가 되기도 합니다. 또한 콘텐츠뿐만 아니라 자신이 겪은 좋은 경험 콘텐츠를 가지고 전문성까지 더해진다면 대입과 취업에도 무척 유리해집니다.

크리에이터는 상품을 연결시키는 공급자입니다. 그래서 누구보다 배경지식도 전문가 수준으로 갖추고 있어야 합니다. 레오나르도 다빈치, 스티브 잡스, 제프 베조스, 엘런 머스크는 모두 똑똑하고 아는 것이 많은 즉, 상상 이상의 배경지식을 소유한 사람들이었습니다. 콘텐츠를 가지면 부자가 되고, 콘텐츠와 관련된 산업을 발전시키면 국가가 미래 역량을 갖추게 됩니다. 우리 아이들을 콘텐츠 부자로 만들어주시기 바랍니다.

03

인사이트 부자 :
통찰력은 전 세계 사람들을 하나로 모은다

“저 친구는 척하면 척이야. 바로 알아들어.”

“저 사람은 정말 내 속을 다 들여다보는 것 같아.”

“눈치가 참 빨라. 하나만 보고 어떻게 알았을까?”

인사이트 있는 사람들은 어떤 특징이 있을까요? 속지 않고, 작은 힌트 속에서도 전체를 볼 수 있으며 문제를 재빨리 수습할 수 있는 능력이 있으며 급박한 상황에서도 큰 그림을 보며 진두지휘하며 상대의 말 속에서 핵심을 알아채는 사람입니다.

인사이트는 통찰력과 같은 말로 감추어진 ‘핵심’을 직관적으로 파악하는 능력을 말합니다. 리더들은 이 직관과 판단 능력이 매우 좋습니다. 리더는 구성원들을 대표하여 위기에서 벗어날 방법을 알아채야 하고 항상 더 좋은 것은 선택해야 하는 자리입니다. 그러므로 어릴 때부터 이러한 능력을 기르기 위해서는 딱딱한 훈련보다는 다양한 분야의 배경 지식과 전문 지식을 습득해야 합니다. 통찰력은 서로 연결하고 의심하며 분리하는 등의 연습을 통해 향상됩니다. 이렇게 외부로부터 안을 들여다보게 되는 훈련을 하게 되면 아이들은 중심을 볼 수 있게 되고 전체 과정을 꿰뚫어볼 수 있는 눈을 기르게 됩니다. 부자 부모는 아이들의 직관력과 통찰력을 기르도록 훈련시킵니다. 우리 아이들이 이런 인사이트를 가지고 미래를 읽을 수 있다면 큰 부자가 되고, 자신이 원하는 꿈도 이룰 수 있는 확률이 높아지게 됩니다.

카센터의 정비사가 소리만 듣고 고장 난 곳을 정확히 맞히는 것은 자동차의 구조와 핵심을 알기 때문입니다. 요리사가 식당에서 맛만 보고도 재료를 알아맞히는 것은 요리의 기본 원리와 갖가지 재료의 배경 지식이 풍부하기 때문이죠. 김태호 작가의 미생에 나오는 말처럼 바둑에도 정석이 있으며 바둑을 이루어나가는 구조가 존재합니다. 구조가 있는 모든 곳에는 반드시 정석이 있고 정답이 있는 것이죠. 이러한 통찰력 훈련은 다양한 정보를 수집하고 차분히 생각할 수 있게 되어 사람과의 깊은 대화를 유도합니다. 이는 모두 훈련과 환경을 통해서 길러지는 부분임을 알고 훈련의 힘을 믿을 필요가 있습니다.

여기에서는 인사이트에 관한 자세한 훈련법보다는 그 중요성에 대한 인식과 정리된 통찰력의 필요성을 느끼는 것에 중점을 두고자 합니다. 아래의 항목들을 살펴보며 미래에 돈이 되고 발전할 요소들이 무엇이 있는지 고민해 보는 시간을 갖기 바랍니다.

주목해야 할 인사이트 정리 : 큰돈이 될 생각들

- 지방의 소멸화가 가속화될 것이다. 지방이 침체되고 수도권 중심이 될 수 있을까?
- 평생직장이 사라지고 있다. 이직이 더 빈번해지고, 투잡, 쓰리잡이 자연스러워질 것이다.
- 자동화기계 도입과 '자유'의 추구에 의하여 '프리랜서' 직종이 확대될 것이다.
- 양극화가 이미 고착화되었기 때문에 점점 더 심해질 것이다.
- 4차 산업으로 인한 사회갈등. 계층갈등, 빈부갈등은 더욱 심화될 것이다.
- 저출산은 해결 가능한 문제가 아니라는 시선을 가지게 되며 저출산에 적응하는 사회구조로 변화할 것이다.
- 국가의 세금 징수와 관리가 더 엄밀해질 것이다.
- 반대로 정부와 공무원에 대한 시민주도의 사회 규제가 강화될 것이다.
- 동전을 이용한 현금사업이 각광받을 것이다.
- 시니어들의 지식창업이 증가할 것이다.
- 돈이 되는 분야보다 돈이 되는 분야를 도와주는 사람들이 더 많은 돈을 벌 것이다.

  ex) 창업 지원금 대행, 취업 컨설팅, 주식 투자자문, 부동산 강의자, 유튜브 및 소셜 SNS, 컨설턴트, 디지털 노마드 사업 강의자

- 개인주의와 1인 중심의 문화가 더 확산될 것이다.
- 소규모 가정 중심으로 건설, 쇼핑, 자영업, 가구, 자동차 등 사회 모든 분야가 바뀔 것이다.
- 1인 자동차, 1인 미디어, 1인 에어컨, 1인 공기청정기 등 1인 소유 문화가 발달할 것이다.
- 회식문화가 사라지고 워라벨, 1인 취미, 가정 중심의 문화가 정착될 것이다. 이로 인하여 자연스러운 자영업 구조조정이 10년에 걸쳐 진행될 것이다.
- 신규 창업보다는 M&A를 활용한 EXIT와 인수가 더 많아질 것이다.
- 수명이 늘어남에 따른 시니어 사업이 더 활발해질 것이다.
- 개호식품 같은 실버푸드 산업, 실버 사업도 활발해질 것이다.
- 시니어를 근로자로 채용하여야 성공할 수 있게 될 것이다.
- 세상이 자극적으로 변하고 있다. 자극하면 돈이 될 것이다.
- 돈을 벌려면 자극적 혹은 반대로 담백해야 할 것이다.
- BT, IT, NT, LT, ET 등 테크놀로지 중심의 세상으로 변하고 있다. 테크놀러지가 있어야 뜰 것이다.
- 콘텐츠를 보유하거나 창작할 능력이 미래 인간에게 요구될 것이다.
- 레버리지보다는 불확실성에 의해 안정성이 각광받을 것이다.
- 축제, 여행의 증가는 필연적일 것이다.
- 대한민국의 축제, 관광은 열악하지만 반대로 보면 올라갈 일만 남은 상태일 것이다.
- 축제와 관광이 활성화되면 내수경제가 살고 돈을 쓰게 되어 국가 경제에 도움이 될 것이다.
- 국가의 경계가 사라지고 있으므로 애국심을 강조할 수는 없을 것이다.
- 극좌와 극우, 진보주의와 보수주의의 색깔이 애매해질 것이다.
- 직접 판매보다는 광고 수입을 노리는 사업이 증가할 것이다. 유료의 무료화가 증가할 것이다.
- 지식재산권 사업은 일하지 않아도 수익을 올릴 수 있는 고령사회의

파이프라인이 될 것이다.

- 주차 사업이 발달할 것이다.
- 렌트 문화가 발달할 것이다.
- 크로스섹슈얼 문화의 확산(남성의 여성화, 여성의 남성화)이 일어날 것이다.
- 아주 싸거나 비싼 제품이 사랑받게 될 것이다.
- 다양성을 존중하되 분명한 원칙을 원하게 될 것이다.
- 대한민국스러움은 점차 사라지고 미국, 유럽, 일본스러움이 주류가 되어 토착화될 것이다.
- 국민의 사고, 문화, 시스템이 외국 사회처럼 변할 것이다.
- 섹스에 대한 자유로움은 더욱 심화될 것이다.
- 취업 준비 연령이 점점 낮아질 것이다.
- 인터넷 쇼핑으로 인해 상권의 개편이 이루어질 것이다.
- 시골이 위기이자 기회의 공간으로 심화될 것이다.
- 그린벨트 해제에 따른 수혜를 잘 분석해야 할 것이다.
- 여성화된 남자, 남성화된 여자가 증가할 것이다.
- 대한민국은 화재, 재난, 새로운 질병에 취약하다. 더 큰 위기가 오며 그제야 준비가 될 것이다.
- 반대로, 홍수, 지진, 재난, 붕괴, 환경, 질병 관련 사업은 큰 기회가 될 것이다.
- 젊은 사람들의 얕은 사업이 우후죽순 생길 것이다.
- 국가의 세금, 지원금을 타먹는 사람들이 늘어날 것이다.
- 테이크아웃 전성시대가 펼쳐질 것이다.
- 인건비 절감을 위한 가족경영이 확산될 것이다.
- 유통 마진을 줄인 인터넷 쇼핑의 증가는 필연적일 것이다.
- 웹툰, 한국 소설이 제2의 한류가 될 수도 있다.
- 전 세계적으로 선진국의 경제, 정치적 영향력이 강하듯이 아시아에서 대한민국이 문화적 영향력이 더욱 강화되어 이를 이용하는 마케팅 방

법이 매우 유용할 것이다.

- 출산율 저하로 쇠퇴하는 산업, 흥하는 산업은 양극화가 심화될 것이다.
- 인건비, 금리, 물가로 인한 기업, 자영업, 가계 구조조정이 자연스레 진행될 것이다.
- 위로할 줄 아는 사람이 돈을 벌고, 인정받을 것이다.
- 수직적인 나이 문화가 크게 바뀔 것이다.
- 공채 문화에서 상시 채용 문화로 바뀔 확률이 높을 것이다.
- 생산 가능 인구의 정의가 넓어질 것이고, 시니어의 사회 역할이 증대될 것이다.
- 부동산 가격에 있어 학군의 역할은 감소하고 수도권, 교통, 인구 과밀이 주요 요소가 될 것이다.

PART 3

내 아이도 부자가 될 수 있다

01

시크릿 1 :
학교만 잘 다녀도 부자가 될 수 있다

학벌 부자 :
여전히 학교 간판은 중요하다

대학교에 가지 않아도 되고 그저 중고등학교 생활을 즐겁게만 보내면 된다는 어른이 있다면 듣기 좋은 거짓말임을 알아야 합니다. 물론 입시가 인생의 전부는 아니지만 그 중요성을 가볍게 치부해서도 안 됩니다. 이상과 현실은 다르기 마련이고 그에 맞는 균형이 필요하기 때문입니다. 왜 많은 부모들이 명문대를 고집하고 상당수 학교들도 입시에 신경 쓰고 있는지 그 이유를 알아야 합니다. 사회에서는 대졸자와 대학원 석박사들을 인재로 인정하고 있으며 그래서 여전히 학교 타이틀은 중요한 것입니다.

외국은 우리나라와 달리 진학을 중요시하지 않고 스펙을 보지 않는다는 오해가 있습니다. 하지만 외국일수록 더 동문을 중요시하고 본질적 의미의 스펙인 포트폴리오를 따집니다. 그들은 명문대 진학을 전문성으로 여기며 그 가치를 매우 중요하게 여기는 셈입니다. 미국의 예만 들어도 대학 진학 예정자들은 대학에서 배울 과목을 미리 배우고 가는 경우가 많습니다. 왜냐하면 미국의 교육 시스템은 일과 공부를 철저히 구분하여 대학에서는 그 전문성을 심화시키는 것에 중점을 두기 때문입니다. 아이비리그 명문대, 칼텍 같은 공대를 진학하게 되면 수학과 물리의 선행학습은 우리나라보다 더 치열하게 해야 합니다. 커뮤니티 컬리지 진학자 역시 요즘에는 자발적인 선행학습이 많아지고 있다고 합니다.

실제로 실리콘벨리 및 우리나라 스타트업 CEO들의 상당수가 좋은 학교 출신이 많은 것을 간과해서는 안 됩니다. 대부분의 CEO는 하버드대학교, 듀크대학교, 리드대학교, 스탠퍼드대학교, 펜실베니아대학교, 위스콘신대학교, 와튼스쿨 등에 진학했습니다. 중퇴를 한 CEO도 있지만 분명한 것은 최소한 그들은 대학에 '입학'을 했다는 사실입니다. 유럽, 미국, 일본 모두 마찬가지입니다. 사회를 이끌어가고, 높은 연봉을 받는 사람들은 대졸자들이 다수입니다. 낮은 대학 진학률로 유명했던 독일의 대학 진학률도 점점 높아져 최근에는 약 35%까지 올랐다고 합니다. 대학생으로서의 혜택, 현장에서 요구되는 업무 능력의 준비, 대졸자의 높은 연봉이 주된 이유가 되는 것이죠. 초중등학교 시절에 진학이 아닌 취업으로 일찍 진로를 정한 아이들보다 대학 졸업자들의 연봉이 월등히 앞서는 것이 현실인 것을 잊어서는 안 됩니다.

외국뿐만 아니라 우리나라의 고위층, 창업 성공인, 취업 합격자를 분석해 보세요. 또한 공기업, 경찰, 소방직, 지방직, 국가직, 사기업, 스타트업 CEO 및 임원의 출신 학교를 꼭 찾아보시기 바랍니다. 그리고 대기업 2~3세 CEO들의 학교와 국회의원의 학력, 지자체 단체장의 학교를 찾아보기를 바랍니다. 대부분 대졸자, 명문대 졸업생이 차지하고 있습니다. 전 세계가 대학교의 중요성을 아는 것입니다. 일종의 전 세계적인 '성공 방정식'에 가까울 것입니다. 대학이 우선되고, 입시가 우선되어야 하는 것은 반대하지만 이러한 현상이 있다는 것은 담백하게 우리가 받아들여야 합니다.

학벌주의가 좋은지, 나쁜지를 나누는 것보다 학벌주의가 현재 존재하는가, 그리고 앞으로도 존재할 것인가에 대하여 포커스를 맞추어야 합니다. 대학은 아이들의 인성을 만들어주는 공간이 아니라 대학생활을 통해 취업과 창업에 유리한 환경을 조성하는 공간입니다. 현실적인 간판 효과의 장소인 셈이죠. 그 가운데에서 인간성, 대인관계, 인맥 형성, 배려 등을 배우게 되는 것입니다. 그렇기 때문에 대학을 가기 위한 입시 공부는 아이들에게 훗날 종이 마패, 종이 증명서가 되는 것입니다. 그렇기에 대한민국에서 입시 공부는 투자입니다.

많은 부모님들이 이러한 입시 시스템을 싫어하면서도 어쩔 수 없이 사교육과 공교육에 열을 올리는 이유는 보장된 정년과 높은 급여, 복지 등이 결정되어지는 수단임을 알기 때문입니다. 40대 이상 부모들에게 직업은 자아실현의 장소보다는 현실의 유지와 가족의 생계를 위한 장소입니다. 그렇기에 진급을 위해 MBA를 가거나 특별 경영자 포럼과도 같은 모임에 참여합니다. 이러한 이유는 '간판 효과', '타이틀 효과' 때문입니다. 우리 사회에 존재하는 이 현상이 쉽게 사라질까요?

대학의 간판이 중요한 이유는 말 그대로 스펙의 큰 요소이기 때문입니다. 스펙이 바로 취업과 창업의 기회로 연결되기 때문입니다. 기업 입장에서 좋은 대학을 나왔다는 것은 시간적으로나 금전적으로 기회비용을 아끼면서 좋은 인재를 뽑을 확률을 높이는 필터링 수단입니다. 회사와 인사 팀장은 좋은 대학을 가기 위해 노력했던 긴 시간과 축적되어 있는 역량을 대학교 이름에서 느끼고 있는 것입니다. 좋은 대학에 입학하는 과정 가운데 경험한 성취감, 자존감 향상, 인내, 성실함 등이 지원자의 삶에 묻어 있다는 사실을 말이지요.

학교 현장에서 공부와 진학의 중요성을 강의하는 이유는 딱 하나입니다. 바로 현재와 미래의 대한민국 사회가 운영되는 원리대로 해야 성공에 가까워지기 때문입니다. 즉 진로와 진학은 하나의 형제처럼 움직이고 있습니다. 공부 부자들이 의대에 몰리고, 명문대 간판을 취득하기 위해 편입을 하는 이유를 깊게 느껴야 합니다. 누구나 어린 시절에는 꿈이 있지만 결국 고3이라는 종착지에서 꿈과는 무관하게 등급과 점수에 맞추어 현실과 타협하며 대학을 선택하고 전공을 맞춥니다. 이 현실을 무조건적으로 비판하고 외면하는 것이 능사가 아닐 것입니다.

무조건 수능은 줄 세우기이며 대입 위주의 교육을 지양해야 한다고 해서는 안 됩니다. 이러한 현실을 이용해서 누군가는 부자가 되고 있으니 말입니다. 만약 치열한 입시 경쟁을 바꾸고 싶다면 본질적으로 직업에 대한 사람들의 인식과 열악한 노동 구조부터 바꾸어야 할 것입니다. 대입 시스템을 바꾸는 것도 중요하지만 직업에 대한 인식과 근로현장, 산업구조, 직업 생태계가 바뀌지 않으면 입시의 변화는 무의미해질 것이니까요. 하지만 정치인들은 자신의 표를 의식해서 개편과 개혁을 하지 않으려고 할 것입니다.

앞서 입시와 진학보다 진로 역량을 키워야 한다고 말을 했는데 지금은 그 입시와 진학도 현실이기 때문에 완전히 배재할 수 없다는 말을 하고 싶습니다. 바로 현실적인 것을 바라보기 때문입니다. 사실 세상에서 급격한 변화란 있을 수 없습니다. 쉽게 변하도록 기득권이 그렇게 놔두지도 않을 뿐더러 그 구조가 그렇게 쉽게 변하도록 만들어져 있지도 않습니다. 그래서 전통적 부자가 되는 과정인 학교생활을 강조하는 것입니다. 학교에서 어떻게 생활하느냐가 부자가 될 확률을 좌우하기 때문이죠.

부자가 되는 첫 번째 도구로서 대학 간판은 매우 중요하니 들어가서 휴학을 하더라도 이왕이면 좋은 학교에 진학하도록 애써야 합니다. 그 과정을 위해 아이가 경쟁에서 이기기 위해 스스로 동기부여 할 수 있는 힘을 길러야 합니다. 여기서 학벌주의를 조장하고 지지하는 것이 아니라 오히려 우리 사회에 너무도 뿌리 깊이 만연해 있는 '학맥'과 '학벌'에 의한 피해를 받지 않기를 바라기 때문입니다. 어쩔 수 없이 대한민국 사회는 학교 타이틀의 강점을 인정할 수밖에 없습니다. 어른들이 만들어 놓은 암묵적 카르텔, 사회적 규칙에 순진한 아이들이 피해를 입어서는 안 될 것입니다.

만약 아이가 공부에는 관심이 없거나 부모 스스로 아이를 입시 경쟁에 노출시키고 싶지 않다면 '경쟁 없는 나만의 삶'을 살 수 있도록 지도하면 됩니다. 아이 스스로 자신만이 정체성을 갖게 하고, 행복과 삶에 대한 철학을 만들어주면 됩니다. 그리고 입시 외의 다른 부자 영역을 키워주기를 바랍니다. 꼭 입시 부자가 아니어도 행복할 수 있기 때문입니다. 공부를 못한다고 해서 무조건적으로 사회에서 돈을 덜 벌거나, 개인의 삶이 불행하다고 말하는 것이 아닙니다. 공부를 못해도 사회에서 성공한 사람이 많으니 스트레스는 받지 말되 다만, '할 수 있는 한 공부에 최선을 다하자'입니다. 공부머리와 일머리는 전혀 다른 개념입니다.

공부를 못하더라도 일머리와 돈머리 그리고 직무 역량을 충분히 가지고 있다면 오히려 더 성공할 수 있는 여건은 충분합니다. 실제로 대기업의 면접관들은 사람의 겉만 보는 사람들이 아닙니다. 서류 이면의 내용을 꿰뚫고, 짧은 면접을 통해 그 사람 자체를 통찰하는 기술과 능력이 있는 사람들이니까요.

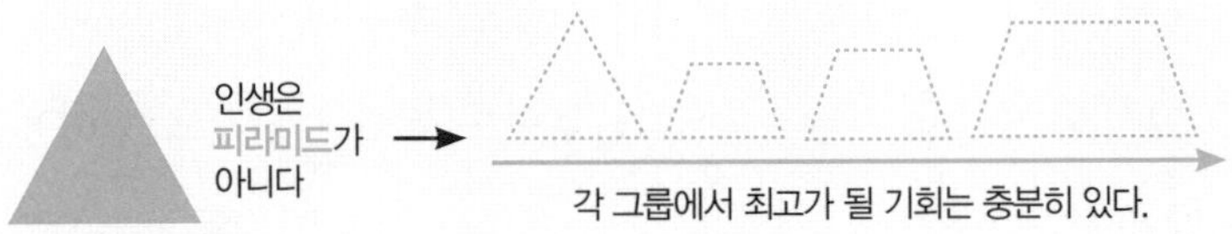

지금은 스스로 행복도 만들어낼 수 있는 시대입니다. 이 행복은 공부와 입시를 통해 가능했고, 여전히 우리의 수단과 방법으로 통합니다. 인생은 한 번뿐입니다. 스스로 원하는 일을 하며 살아야 합니다. 그것을 실현할 수단이 공부입니다. 그러기 위해서는 학창시절부터 꾸준히 공부해야 하고 스스로 역경도 이겨야 합니다. 학교의 중요성, 그리고 학교에서의 공부의 중요성을 다른 이상론자들의 말에 휩쓸려 놓치지 않기를 바랍니다. 여전히 학교와 학업은 짝으로 중요합니다.

'부자의 절반은 학교에서 탄생한다'라는 말은 바꿔 말하면 '대한민국의 대학교 간판이 부자를 만든다'라고 할 수 있습니다. 물론 이 말은 시간이 지날수록 가치가 점점 희석되고 있긴 하죠. 이 현상은 매우 좋은 일이라고 생각합니다. 사실 공부를 못한다고 그 아이의 개성과 능력은 평균 이하가 될 때가 많고 공부를 잘한다는 이유 하나만으로 그 아이는 훌륭한 아이가 되어 버리기 쉽습니다. 차별 없는 학력 타파라는 사회 분위기는 좋은 현상이라고 생각합니다. 물론 성적 우수자를 대우해주는 사회 풍조가 공부를 열심히는 아이들의 자존감을 높이기도 합니다. '아! 내가 대단한 사람이구나!'라고 말이죠. 하지만 학교 공부를 못 하더라도 같은 맥락을 확장해서 체육과 예술 등 교우관계에서 우수함을 느끼면 그것도 좋은 일입니다. 아이들은 학교에서의 시간을 자신의 비전과 달란트 발견의 시간으로 이용할 수 있어야 합니다.

셀프 부자 :
자기주도 능력이 부자 습관을 만든다

평생직장은 이미 사라졌습니다. 구직자 역시 평생직장을 원하지도 않고, 기업과 국가가 평생직장을 마련해줄 수도 없습니다. 얽매이는 것을 싫어하는 젊은 세대들의 문화 확산과 급감하는 일자리 상황이지만 그럼에도 원하는 일을 하기 위해서는 자기주도 능력이 중요해지고 있습니다. '자기주도'란 남에 의해서가 아닌 스스로 시작하는 능동적인 자세를 말합니다. 자신만의 철학과 오랜 기간 동안 쌓인 포트폴리오가 없다면 채용 경쟁에서 밀려날 수밖에 없습니다. 남들 다 준비하는 토익 900점, 스피킹 능력, 컴퓨터 자격증, 인턴, 자원봉사 시간 등은 나만의 것이 아닙니다. 경쟁 시대이므로 기본으로 갖추고 또 다른 나만의 것을 만들어야 합니다.

자수성가는 스스로 성공하는 사람들에 대한 칭찬으로 셀프 부자의 좋은 사례입니다. 그들은 눈을 들어 세상을 보았고, 남들에게 휩쓸려가는 것이 아닌 몸과 마음으로 현실적 세상을 느꼈습니다. 기민하게 대응하고 능동적으로 성공을 쫓았으며 과정에 흥미를 느끼고 결과를 바꾸기 위해 노력했습니다. 이러한 자기주도능력이 사회생활에서 얼마나 중요한지 부모들은 알고 있어야 합니다.

회사는 시키지 않아도 알아서 하는 직원을 좋아하고, 당면한 문제를 짧은 시간 안에 해결하는 인재를 원합니다. 대학 간판만큼이나 일에 대한 적응력이 뛰어나 능동적으로 싹싹하게 일하는 사람을 좋아하는 것이죠. 그렇다면 부모는 자녀를 어떻게 길러야 할까요? 우리 아이들이 사회가 원하는 능동적인 인재로 성장시키면 되는 것입니다. 물론 이런 능력은 하루아침에 길러지지 않습니다. 부단한 습관화와 환경의 조성을 통해 가능한 것이지요. 그런데 우리는 이런 자기주도 능력을 오직 입시와 공부에만 적용하고자 초점을 맞추고 직업교육에만 초점을 맞추고 있습니다. 자기주도는 삶에 대한 능동적 자세를 뜻하는데 말이지요. 공부를 못하더라도 자기 삶을 주도적으로 살 수 있는 아이로 성장하는 것이 중요하지 않을까요?

직장생활을 해보았다면 어떤 사람과 일하느냐에 따라 스트레스를 받을 수 있고 반대로 즐거울 수 있다는 것을 알 것입니다. 단순히 머리가 좋은 사람보다는 업무 처리에 요령이 있고 대인관계가 원만하며 일 처리가 꼼꼼한 사람이 예쁨을 받습니다. 대기업도 겉으로 보기에는 굉장한 시스템이 있는 것 같지만 사실 그 안에서 개인의 주도적 능력이 필수인 조직입니다. 그렇기 때문에 자기주도능력이 좋은 사람을 채용하는 것입니다.

자기주도능력의 3박자는 동기, 기술, 꾸준함입니다. 성취를 위한 동기부여, 학습기술 그리고 꾸준히 정진하는 것입니다. 우선 배우고자 하는 마음과 환경이 조성되어 있어야 합니다. 자기주도능력이 가난한 사람들은 타인의 말을 잘 받아들이지 않고 성과가 당장 눈앞에 나타나지 않으면 금세 포기하고 맙니다. 스스로 동기부여가 부족하기 때문이죠. 그렇기 때문에 자녀들이 스스로 일을 처리할 수 있도록 환경을 조성해주고, '듣기 좋은 화법'과 '적절한 보상'으로 지도해야 합니다.

학생들은 게임을 할 때면 시간이 가는 줄도 모르고 푹 빠져 합니다. 게임은 아이들이 그 규칙과 방법을 이해하기 쉽고 에너지 소비가 덜하면서 무엇보다 즉각적인 보상이 나옵니다. 상대방을 이기면 바로 점수가 올라가거나 원하는 아이템을 얻게 되는 것이죠. 사람은 잃으면 기분 나쁘고 얻으면 기분이 좋아지게 마련인데 게임 속 세상은 물론 가상이지만 아이들은 자신의 노력에 따라 획득된 것들을 통해 성취감을 느끼게 됩니다. 즉, 노동한 만큼 나오는 보상과 그 보상의 속도가 매우 빠르기 때문에 아이들은 게임에 매료되는 것이죠. 그런데 공부는 어떠한가요? 학교 시험은 수개월에 한 번 있고, 공부하는 대로 바로 누적이 되기는커녕 금세 잊어버리기 일쑤입니다. 즉각적 보상과 결과가 눈에 보이지 않으니 재미가 없어지는 것입니다. 그래서 입시 공부의 성과물에 대한 비전을 명확히 보여주어야 하며, 뒤늦게라도 잘된 사례를 늘 상기시켜주며 스트레스를 줄여주어야 합니다. 혹은 보상 시스템을 만들어 자기주도적으로 빠져들 수 있게 하면 좋습니다.

현장에서 만나는 아이들의 대부분은 꿈이 없습니다. 안타깝게도 자신이 무엇을 좋아하는지조차 모르는 경우가 많습니다. 스스로 꿈이 없으니 삶에 흥미나 자기주도능력이 떨어지게 되는 것입니다. 반드시 아이가 스스로 움직일 수 있는 징검다리를 놓아주어야 합니다. 내가 보상받을 미래의 상황이 눈에 그려지고, 과정이 재미있게 된다면 스스로 목표를 설정해 정진할 것입니다.

미래의 혜택이 바로 주어진다면 아이들은 반응을 하고 능동적으로 합니다. 본능적으로 그 방향으로 진행하게 되어 있습니다. 갖고 싶고, 이루고 싶은 것들 때문에 더욱 책임감이 붙어 스스로 움직이게 되는 것입니다. 게임과 예체능 등이 좋은 예시입니다. 빠른 보상과 쾌감, 리액션 때문에 몰입이 금방 됩니다. 여기서 학교 현장에서 필자가 아이들을 대상으로 자주 쓰는 방법을 소개하자면 대기업이나 공기업

입사 시험 중 중고등학생들이 풀만한 쉬운 문제만 모아서 아이들에게 풀어보게 합니다. 처음에는 혼자 풀 수 있게 하고 나중에는 조별로 하나의 답을 취합하도록 합니다. 아이들은 자신 있게 문제를 다 풀고 답안지까지 맞추고 나면 "아 맞네. 아! 쉽다."라는 말을 연발합니다. 문제를 다 푼 후에 아이들은 대기업, 공기업, 공무원 시험의 난이도가 생각보다 어렵지 않다고 여기게 됩니다. 할 수 있다는 자신감을 가지게 되므로 입사에 대한 거부감이 없어집니다. 비록 쉬운 문제만 발췌하여 풀었지만 이로 인해 자신이 좋아하는 분야에 대한 탐색을 시작하게 됩니다. 같은 원리로 아주 간단한 과학과 수학 법칙을 대입하여 문제를 풀게 합니다. 아이들은 재미있게 진입을 하게 되며 보다 열린 사고를 기르게 됩니다.

진학과 입시 공부의 보상은 결국 5~10년 뒤 미래의 일입니다. 아이들에게 아무리 미래의 중요한 상황을 이야기해주더라도 재미와 즐거움, 즉각적 보상이 없으면 지쳐합니다. 미래의 보상으로 가는 길에 디딤돌이 없다면 공부에 대한 의욕이 줄어들게 됩니다. 그렇기 때문에 현실의 사례와 미래의 보상을 재미있게 적절히 제시해야 합니다. 공부를 잘하면 좋은 점이 무엇이 있을지 현실을 알려주는 것이 빠릅니다. 이미 아이들은 화장을 하면 예뻐지고, 사랑받는다는 것을 알고 있고, 자기만족감도 올라간다는 것도 알고 있습니다. 화장 이후 예뻐진 이후의 보상을 알기 때문에 많은 사람들이 화장에 관심을 갖는 것입니다.

사람들은 미래에 미치는 영향이 크고 그 과정이 복잡하지 않을 것일수록 쉽게 행동합니다. 마찬가지 원리로 가정의 경제적 형편, 자신의 성격, 대학, 전문성 등이 자신의 미래에 영향을 미친다는 것을 이론적으로만 끝내는 것이 아니라 구체적인 사례를 들어 이야기해주면 좋습니다.

요즘 10대 여학생들은 미용에 관심을 많죠? 그런데 단순히 헤어스타일의 변화에 만족하거나 메이크업 아티스트에 관심을 갖게 하는 것은 단순히 근로자를 양성하는 것입니다. 그런데 여기에 조금 변화를 주면 화장품을 직접 만드는 체험을 해보도록 하는 것입니다. 화장품은 화학이 중요한 분야입니다. 색상, 기능, 목적에 맞는 다양한 화장품을 만들어보며 실생활에 맞는 화학 공부에 재미를 붙이게 합니다. 학생들이 관심 있는 브랜드의 화장품 회사에 대하여 공부하도록 하고, 그 회사에서 만드는 화장품과 화장품 용기, 광고 마케팅, 화장품 유통에 대하여 체험할 수 있도록 합니다. 자연스럽게 경영과 경제 교육을 같이 하게 되는 것이죠. 화장과 관련된 일종의 쿠션인 디딤돌을 주어서 아이들이 산업을 이해하고 나아가 취업에 관심을 갖게 북돋는 것입니다. 이렇게 성장한 학생은 화학과, 경영학과, 무역학 등으로 진로가 넓어집니다. 목표 또한 높아지고 사고 역시 넓어지게 됩니다.

만약 옷 입는 것을 좋아한다면 '스타일난다'의 김소희 대표처럼 가족이 쇼핑몰을 창업해 보는 것도 훌륭한 자기주도 쿠션이 될 수 있습니다. 아이들과 새벽에 동대문을 가보고, 홈페이지를 직접 만들어 운영해 보는 것이죠. 요즘은 홈페이지 제작이 무척 쉬워졌습니다. 카페24, 모두, 윅스 등 홈페이지 템플릿만 구매하여 꾸미거나 만들어진 홈페이지에 디자인만 해도 됩니다. 홈페이지가 어렵다면 블로그를 만들어 운영해도 됩니다. 그리고 나서 지마켓, 옥션, 스토어팜에 입점하여 판매도 해보면 더욱 좋겠죠. 판매의 기쁨을 느낌과 동시에 세상을 이해하게 되면 아이들은 대부분 그 과정을 통해 재미를 느끼게 됩니다. 아이들은 패션디자인학과, IT, MD, 세일즈 관련 학과에 관심을 가질 수도 있고, CEO의 역량을 전문적으로 기를 수도 있습니다. 아이들이 쿠션을 통해 어른들의 영역에 재미를 붙이게 되는 것입니다.

학생부종합전형을 보겠습니다. 셀프 부자 아이가 경제와 사회 공부를 통해 우리나라 주식시장을 이해하고 기업이 가치를 평가하며 재무 분석까지 할 수 있는 경제 동아리를 조직했습니다. 금리와 무역, 금, 자본의 이해를 학교 수업시간과 접목하는 것이죠. 이런 스토리와 흥미를 통해 학생부종합전형을 만들어갑니다. 자신이 좋아하고 관심 있어 하는 분야를 통해 관련 전공을 선택하고 전문성을 기를 초석을 다지는 셈입니다. 실제로 학생부종합전형 통해 훈련된 학생들은 추후에 전공을 바꾸는 경우가 정시 비율의 학생보다 낮다는 통계도 있습니다. 하나의 정답을 맞히고 외우는 시대가 아닌, 자신이 좋아하는 것을 찾아서 주도적으로 전문화시키는 것입니다. 그리고 자신만의 포트폴리오를 만들어 기록하는 것입니다. 이렇게 자기 주도적으로 자신의 삶을 그린 경우는 대입 이후에도 성공적인 삶을 살아가는 습관을 가지게 됩니다.

외국에는 전문 기능공의 서비스 비용이 비싼 편이다보니 일반적인 수리와 고장은 스스로 고치게 되어 있습니다. 무엇인가를 고친다는 것은 암기가 아니라 이해, 원리, 탐구 등이 모두 녹아져 있는 체험입니다. 장비를 가지고 새로운 것을 만들 수 있고, 고치기 위해 새로운 방법을 시도합니다. 외국에서는 만들고, 부수고, 새로 만들고, 융합하고, 연결하고, 디자인하는 시도가 자연스럽습니다. 학교와 가정에서 모두 배우게 됩니다. 부모나 교사가 아이들을 대신해주는 것이 아니라 아이들 스스로 할 수 있도록 사회와 가정에서 자연스럽게 협업이 됩니다. 이렇듯 삶에서 자연스럽게 스스로 하는 법을 가르쳐야 합니다.

세상에는 경쟁이 만연해 있습니다. 경쟁을 통해 성장하는 것도 있기 때문에 무조건 경쟁을 멀리하고 피하는 것이 능사는 아닙니다. 경쟁 없는 사회로 아이들을 보내자 하는 것은 '이상적인 말'뿐일 확률이 높습니다. 당장 먹고 살아야 하고, 일자리는 줄어들고 있는데 피터팬처럼 아이들을 살게 할 수는 없지 않을까요? 남과 경쟁하지 않더라도 스스로 자기 자신과 경쟁해야 발전할 수 있고 자신이 원하는 것 또한 얻을 수 있습니다. 선거 후보들도 경쟁을 하며 구직자는 취업을 하기 위해 경쟁합니다. 우리 사회에서 경쟁이라는 단어 자체를 혐오 단어로 여겨지는 풍조가 생기고 있지만 경쟁의 폐해 때문에 경쟁의 옳은 방향과 현실의 사회 시스템을 왜곡해서는 안 됩니다. 이상과 현실은 거리가 있기 때문에 간극을 줄이기 위한 노력은 필요하지만 그 이상이 현실화되는데까지 걸리는 시간을 인정해야 합니다. 경쟁 없는 '혁신'은 있을 수 없습니다. 경쟁 없는 '발전'은 한계가 있습니다. 대한민국 정치와 산업, 교육, 문화가 혁신하려면 내외부와 경쟁하며 발전해야 합니다. 이 경쟁을 위해 우리 아이들에게 자기주도능력을 가르쳐주어야 합니다. 기업 현장에 입사하면 모든 것을 스스로 처리해야 합니다. 실리콘벨리의 자유분방한 경영의 중심에는 자기주도형 인재가 있음을 기억해야 합니다.

여기서 강조하고 싶은 말이 있다면 어떤 가정은 경쟁에서 이기길 원하고, 어떤 가정은 경쟁하지 않고 살기를 바랄 수 있습니다. 가치관, 목적, 비전에 따라 삶의 방향과 목적은 다르니까요. 하지만 교육을 하는 사람이라면 '경쟁'의 올바른 정의를 내려줄 필요성은 있다고 생각합니다. 타인 혹은 스스로와의 경쟁 방법에 대해 올바르게 가르쳐야 하는 것이죠. 아이들이 취업할 기업은 세계와 경쟁하고, 국내 경쟁사와 경쟁하고 있습니다. 먹고 살기 위해서는 스스로 경쟁하거나, 남과 경쟁할 수밖에 없는 것이 현실입니다. 아이들이 경쟁을 힘들어한다고 경쟁이 없는 삶에서 살라는 것은 매우 조심스러운 일이 될 수 있습니다.

부자들은 스스로의 판단력과 행동력이 남다릅니다. 인생은 결국 남이 아닌 내가 난타전을 벌이며 나아가는 공간이기 때문입니다. 비에 젖지 않고 피는 꽃이 없으며, 완벽하게 승리하는 전투도 없습니다. 나약하게 자라난 사람보다 삶을 스스로 헤쳐나가며 스스로 이겨낸 사람들이 세상의 성공에 더 가깝습니다. 아이들을 품에서만 키우지 말고 스스로 할 수 있도록 해야 합니다. 주변의 사람들과 어울리게도 하고, 스스로 고장 난 물건을 고쳐보게도 하는 것입니다. 앞으로는 더욱 능동적이고, 자기주도적인 장난꾸러기가 대접받는 시대임을 꼭 잊지 말아야 합니다.

인맥 부자 :
인맥이 곧 돈맥이다

종종 성적이 좋은 아이보다는 성격이 좋은 아이로 키우고 싶다는 부모들을 만나게 됩니다. 성격이 좋다는 것은 주위 사람들과 어울리는 법을 안다는 의미이고, 사람들로부터 많은 사랑을 받을 확률이 높아집니다. 어른들은 이미 공부 부자 만큼이나 인맥 부자, 성격 부자가 사회생활에 더 필요한 요소임을 알고 있습니다. 부모는 자신의 자녀가 사람들로부터 사랑받으면 참 행복할 것입니다. 그리고 아이가 많은 사람을 만나는 것으로 다양한 인간 군상을 경험하게 할 수 있고 확장적인 태도를 취할 수 있게 됩니다. 무엇보다 다양성에 대해 인정하며 공유할 수 있게 되어 나중에는 인맥을 형성할 수 있게 됩니다.

많은 사람들은 사업을 할 때 필수조건이 있다면 바로 인맥이라고 말합니다. 최고의 영업과 마케팅은 인맥 영업이기 때문으로 특히 사업 초기에는 중요한 요소가 됩니다. 수많은 성공자들을 인터뷰하다 보면 역시 인맥의 중요성을 실감할 때가 많습니다.

빌 게이츠 역시 초창기 IBM과의 인맥으로 사업을 번창해나갔으며 전기차의 선두두자인 테슬라의 엘런 머스크 역시 유대인 네트워크 인맥으로부터 큰 도움을 받으며 급성장했습니다. 페이팔, 구글, 페이스북 등과 같은 실리콘벨리의 우수 기업들 역시 글로벌한 인맥을 보유하고 있죠. 왜 정재계의 사람들이 서로 엮이고 엮는지 이유를 생각해 보기를 바랍니다. 각종 협회 참여, 라이온스클럽 행사, 시정참여, 봉사활동을 하는 것은 순수한 마음도 있지만 자신의 기업 이익을 위함도 매우 큽니다. 인맥이 많으려면 '돈'이 많거나 '성격'이 좋아야 합니다. 그런데 또 이 성격이 좋으려면 가정환경뿐만 아니라 학교와 사회에서의 공동체 생활도 중요합니다.

요즘 뉴스를 듣다보면 비리 채용에 관한 사건이 많습니다. 대기업이나 공기업에 자신의 실력이 아닌 친척이나 부모의 힘으로 들어갔다는 소식이죠. 특히 예체능 분야가 심각한 것으로 나타나는데 실력은 기본이고 그 위에 돈도 있어야 하고 라인도 잘 타야 합니다. 학교, 친척, 종교, 지역의 인연으로 서로 아는 사람을 추천하고 그 아는 사람이 잘되게 도와주는 것으로 이런 인맥이 없는 사람은 실력이 있어도 실패하는 것입니다.

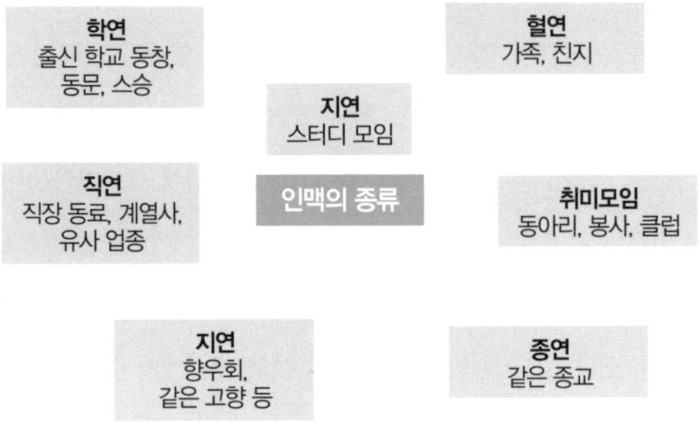

세계적으로 유명한 '카네기코스'에서 설문조사를 진행한 적이 있는데, 조사에 따르면 코스에 입학한 유명인 대부분은 학교에서 가르치는 학문이 아닌 대인관계, 인간관계 기술이 자신이 성공하게 된 이유라고 답변했습니다. 사람 관리와 용인술을 어떻게 쓰느냐에 따라 인생이 바뀌게 되는 것입니다. 그렇기에 부자 부모들은 자신의 자녀들을 양질의 사교클럽, 체험활동, 캠프, 아카데미에 등록시키고 좋은 학군으로 이사를 갑니다. 어디서 누구와 함께 하느냐가 사람에게 미치는 영향이 매우 크기 때문입니다. 그래서 사립초등학교와 각종 특

수 아카데미 등에 큰돈을 투자하며 부자 아이들의 인맥 시발점을 만들고 있습니다.

사람 인(人)의 유래는 사람은 혼자서 살수 없기에 위 획을 받쳐주는 아래 획을 그리게 되었다고 합니다. 성경에도 한 명이 아닌 두 명의 사람, 아담과 하와가 같이 창조되었습니다. 이는 한자의 의미와도 이어질 수 있습니다. 부자 부모들은 이미 알고 있습니다. 부자가 되고 성공을 해야 할 때 필요한 것이 인맥임을 말이지요. 그렇기 때문에 나이를 먹을수록 부자들이 사람을 만나는 일에 에너지와 신경을 쏟고 있습니다. 요즘 우리 주위에 청년 창업자들이 많이 늘어나고 있습니다. 과거 어른들은 동업하지 말라는 고정관념을 가지고 있었지만 요즘에는 소규모 스타트업, 협동조합이 산업 생태계의 중심에 있습니다. 이러한 스타트업을 시작할 때 대부분이 지인과 시작하거나 지인이 추천한 사람, 전 직장동료 및 가족과 시작하는 경우가 많습니다. 애플, 마이크로소프트, 페이스북, 소셜커머스, IT벤처 회사들은 모두 그렇게 시작하고 있습니다. 인맥이 왜 중요한지 꼭 느끼시기 바랍니다. 최고의 진로교육은 인간관계를 맺는 법임을 명심해야 합니다. 어른이 될수록 돈을 주고서라도 인맥을 형성해야 할 일이 많아집니다. 앞으로의 인맥 관련에 대한 정보를 제공하자면 청년과 시니어가 협업하는 형태의 회사가 성공 확률이 높아질 것입니다. 청년의 아이디어와 열정이 시니어의 인맥과 만나는 순간 사업의 형태는 달라질 수 있으니까요. 청년 스타트업과 대기업의 자본과 인맥의 만남도 같은 맥락으로 이해할 수 있겠죠.

이렇듯 '사람'이 중요하다면 이제부터는 학교 현장과 부모들이 앞장서서 올바르게 '인간관계를 맺는 법'을 가르치고 함께 공부할 필요가 있을 것입니다. 실제로 어떻게 어울리고 어떻게 만나느냐에 따라 사람관계의 질과 방향은 달라지기 때문입니다. 앞으로 우리 아이들이 취업, 창업한 인생에 있어서 인간관계는 스트레스, 행복도, 업무 효율, 사회생활에 큰 영향을 미치는 요소가 될 것입니다.

부자 부모들이 왜 아이들을 부자 친구들과 함께 있도록 노력하는지 알아야 합니다. 지금도 그들은 큰 그림을 그리며, 먼 미래를 내다보며 특허캠프, 창업캠프, 대학교 영재교육원, 기업가정신캠프, 비전캠프 등으로 입소를 시킵니다. 여러분도 기회가 된다면 꼭 보내시기 바랍니다. 그곳은 '강의력'도 훌륭하지만 양질의 커리큘럼 안에서 '친구들과 논다'라는 가벼운 개념으로 매우 훌륭한 놀이터입니다. 아이들의 사교를 위해 사회활동에 아이들을 자주 노출시키시기 바랍니다. 공부 이상으로 중요하기 때문입니다. 공부뿐만 아니라 인성, 사회성, 배려 등 자연스러운 배움의 장이 됩니다. 사랑받기 위해서는 사랑할줄 알아야 하며 배려하고 공감할 수 있어야 합니다. 주위 친구들과 어울리는 법을 배워야 하는 것이죠. 사람들이 있는 모임에서 사람들이 좋아할 태도와 논리를 배우며 상대를 대해야 합니다. 이러한 대외활동을 통해서 말하는 방식과 공감을 얻는 법 등을 깨우치게 됩니다.

드라마 '태양의 후예'로 유명해진 김은숙 작가는 7년이나 가구 공장 경리로 일했습니다. 그러다 작가의 꿈을 이루기 위해 서울로 상경해 밤새 연극 대본을 쓰며 꿈을 이어나갔습니다. 그녀의 작품을 특별히 여긴 드라마 제작자를 만나 작가로 데뷔할 수 있게 되었습니다. 그녀의 능력도 중요했지만 여기서 그녀의 인맥이 없었다면 작품으로 나오기 어려웠을 것입니다. 이외에도 많은 직업인, 전문직들은 지인의 소개로 기회를 얻거나 사람을 소개받음으로써 성장하는 일이 정말 많습니다. 이렇듯 인맥이 중요한 이유는 결국 세상은 사람이 어우러져 살아가는 공간이기 때문입니다.

미국의 인맥관리서비스의 대표적인 '링크드인'을 아시나요? 구인구직 서비스에 SNS 기능까지 합친 서비스로 이 기업의 가치는 2019년 기준 현재 40조 원에 이릅니다. 사용자는 전 세계적으로 약 5억 5천만 명이며 미국 성인 근로자의 70%가 가입되어 있습니다.

이 링크드인을 창업한 사람은 리드 호프만으로 그는 스탠퍼드를 졸업하고 페이팔 최고 운영자 출신입니다. 그의 인맥은 말하지 않아도 눈치를 챌 정도겠죠? 그가 페이팔을 나와 또 다른 회사를 창업한다고 하자 주위 사람들은 그의 새 출발을 도와주고 투자에 적극적이었습니다. 그 결과 링크드인은 대성공을 이루게 된 것입니다. 결국 마이크로소프트에서 2016년 6월 약 30조에 인수를 하였습니다. 돈은 사람의 마음과 관계에서 나옵니다. 사람이 돈인 셈입니다. 마이크로

소프트는 양질의 DB, 인맥, 사람을 통한 빅데이터와 인공지능에 큰 돈을 투자한 것이죠.

인간은 관계적 존재입니다. 함께 해야 행복하고 동질감의 가치를 느낍니다. '빨리 가려면 혼자 가고, 멀리 가려면 함께 가라'라는 말은 관계의 중요성을 알고 있는 아프리카 속담입니다. 좋은 친구는 축복이고 행운입니다. 좋은 만남보다 더 큰 복은 없다고 합니다. 꼭 아이들에게 사람이 모였을 때 파생되는 인맥의 힘에 대해 말해주세요. 사람이 모이면 유대감과 교집합이 형성되며 중장기적인 사회적 자산이 된다는 것을요. 종교의 공통적인 특징은 모임이 있다는 것입니다. 평소의 삶은 각자의 삶이지만 특별한 날 혹은 수시로 모여 공통의 활동을 합니다. 모일 수 있는 하드웨어 플랫폼(교회, 성당, 절, 사원)에서 모이기 쉽게 운영되고 있습니다. 사람이 모이면 힘이 나고 영향력이 지속됩니다. 뭉치면 힘이 되고 역사가 시작됩니다.

인맥을 활용한 사업 경영이 어떤 면에서는 안 좋은 이슈이지만 현재 대한민국에서 살아가는 어른들의 중요한 루트임을 아이들이 꼭 알았으면 합니다. 또한 불필요한 인간관계는 정리하는 것이 도움이 됩니다. 사람관계는 성공적인 진로의 중요한 수단입니다. 어제도 있었고 앞으로도 존재할 어쩌면 공부보다도 중요한 방법입니다. 인간은 사회적인 존재이고 유대감을 통해 행복감을 얻기 때문에 사회성을 길러주고 인관관계를 바르게 맺는 법을 꼭 알려주어야 합니다.

인식 부자 :
부자 부모는 공교육에 속지 않는다

학교는 부자 아이로 거듭나는 데 최고의 장소입니다. 하지만 이는 우리 아이들이 학교를 다니는 것이 대체적으로 좋다는 의미이지 절대적인 의미는 아닙니다. 홈스쿨링도 좋고, 미션스쿨, 공동체 교육도 좋습니다. 그저 전반적으로 학교에 다니는 것이 한국 사회에서는 조금 더 유리하다는 것을 말하는 것뿐입니다. 다만 학교를 다닌다면 잘 다녀야 합니다. 전국의 수많은 학교에서 체험하며 느낀 점은 '내 자식에게 도움이 되는 학교는 따로 있다'입니다. 흔한 말로 학교 분위기나 수준이 안 좋은 학교도 상당하며 반면 수준이 높고 좋은 학교도 많이 있음을 알게 됩니다. 주관적이고 조심스럽지만 학교마다 상당한 분위기의 차이가 있는 것이 현실입니다. 기민한 부모들은 이러한 차이를 몸소 느끼고, 발품을 팔아 정보를 얻으며 수준 차이가 있음을 인식하고 있습니다.

모든 학부모들은 학교 분위기, 교육 구성원들의 수준이 높고 좋기를 바랄 것입니다. 교육의 내용이 획일화된 사고를 갖지 않고 창의적인 사고를 할 수 있어야 합니다. 인성 좋은 친구를 통해 원만한 사회성을 배우고, 교우관계 기술을 배울 수 있어야 하는 것입니다. 학교생활을 통해 기본소양을 함양할 수 있으며 공부도 중요하지만 삶을 주도적으로 살아갈 다양한 교과 외 커리큘럼을 기획하고 보유하고 있는 학교도 중요합니다. 학교는 인생을 배우는 장소이지 성적 최우수자만을 배출하는 곳이 아니니까요. 그러므로 학부모가 학군과 학교를 잘 찾아봐야 합니다. '학교는 다 똑같아'라는 안일한 인식은 내 자녀를 나쁜 환경으로 몰아넣는 지름길이 됩니다.

부자 부모는 인식하고 있습니다. 학교는 보통의 교육 장소이고, 여기에 부모의 추가 인풋이 있어야 함을요. 더욱이 그들은 대학 서열이 여전히 좋은 일자리로 이어지는 프리패스이고 이러한 노동구조, 사회구조, 진로구조를 바꾸는 것이 쉽지 않다는 것을 분명히 알고 있습니다. 우왕좌왕하는 교육정책, 혁신하는 척만 하는 국가행정을 이미 꿰뚫고 있습니다. 취지는 이해하지만 부자 부모들은 이상과 현실이 다름을 알고 있습니다. 평가의 공정성 문제, 교사에 대한 신뢰 부족, 학교와 자녀교육에 심하게 개입하는 부모, 대학의 평가방법 등의 문제가 있음을 모두 알고 있는 것입니다.

그들은 현상이 아닌 이면의 구조를 꿰뚫어보고 있습니다. 이미 먼저 경험하였고, 이 구조가 변화하지 않을 것을 알기에 그들은 사교육으로 부의 추월차선을 탑니다. 더욱 그들은 공교육도 창의적인 인재를 만들지만 그보다는 사회 시스템이 창의적 인재를 만드는 것을 알고 있습니다. 자본이 인재를 만들고 환경을 조성하고, 더 나은 미래를 만들 수 있음을 알기에 자본을 유용하게 사용할 줄도 압니다. 흔히 말하는 스타트업에서 성공한 사람이나 대기업에 취업한 사람 등 상위 10% 맞벌이 부부는 부자로서 '자본과 정보'를 유리하게 사용합니다.

부자 부모들은 자신의 경험을 바탕으로 학원 강사와 학교 교사를 동일 선상에서 비교하며 '합리적 선택'을 수행합니다. 교사는 임용고시를 통해 교사가 되었지만 대부분의 학부모는 학원 강사의 강의력을 훨씬 신뢰합니다. 교사에 대한 수업 역량 신뢰 부족과 수행 평가 판단 능력에 대한 의심을 하고 있는 것이죠. 학부모가 바라는 것은 무엇보다도 '입시와 진로'에 도움이 되는 교사입니다. 그리고 아이들의 진로와 진학에 진짜 도움이 될 역량을 갖춘 교사를 바라고 있는 것이죠. 때문에 학부모는 교사도 보육자로서의 개념과 강사로서의 역량이 더 발전되기를 원하고 있습니다. 이를 위해서는 교사도 열심히 더 노력을 해야겠지만 행정적으로도 교육 당국은 과도한 업무를 줄여줄 필요가 있습니다. 일할 맛이 나고, 연구할 시간을 확보해주어야 교사도 깊어질 수 있기 때문입니다. 현장에서 느끼는 교사의 행정 업무의 양과 스트레스는 상상 이상입니다.

학교는 어떤 아이들에게는 훌륭한 시스템이지만 어떤 아이들에게는 지루하고 따분한 장소입니다. 전 문화부장관 이어령 씨는 77억 세계 인구의 지문이 모두 다른데 왜 이렇게 획일화된 교육을 하고 있는지 의아하다고 합니다. 사람은 모두 개성이 다르고 유전자도 다릅니다. 또한 각기 다른 환경 속에 성장하고 있는데 왜 모든 사람이 공교육을 받아야 하고 사회에서는 써먹지도 못하는 과목을 공부하느라 스트레스를 받아야 할까요?

우리 아이들은 충분히 부자가 될 수 있습니다. 부자의 기준과 조건이 다르겠지만 아이들은 태어날 때부터 공부 부자, 금전 부자, 봉사 부자, 나눔 부자, 수학 부자, 장사 부자 등 모두 다른 부자의 형태가 될 조건을 가지고 태어난 것입니다. 이 점을 부자 부모들은 인식하고 있어야 합니다.

부자 부모의 질문

1. 여러분의 자녀가 받고 있는 교육이 아이들이 직면하게 될 혁신적 미래에 적절하다고 생각하나요?
2. 내 자녀의 '재능'을 학교가 온전히 발견해주고 개발할 수 있도록 도와주고 있나요?
3. 학교 성적만으로 사회 진출 후 연봉, 복지, 삶의 질이 비례한다고 생각하나요?
4. 노력만으로 세상을 잘 헤쳐나갈 수 있을 것이라고 생각하나요?
5. 세상이 아름답고 공평하다고 생각하나요?

부자 부모들은 노력합니다. 자기 자녀들을 보통의 인재가 아닌 특별한 인재로 만들기 위해 말이지요. 보통의 교육 안에서 특별한 훈련을 시키고, 보통의 생각이 아닌 특별한 사고를 가질 수 있도록 과외활동을 시키기도 합니다. 그리고 자신들의 삶이 건강하고 모범이 되어야 아이들에게 살아있는 교육이 됨을 알기에 스스로를 발전시킵니다. 이들은 아이들이 나중에 궁극적으로 이루어야 할 목표가 있는 장소에 자주 방문합니다. 여기서 다시 지속해 강조하는 것은 부모들의 인식이 변해야한다는 것입니다. 인식이 되었다는 것은 망치에 맞은 듯 생각이 바뀌어야 하고 그로인해 삶이 180도 바뀌는 것입니다.

대전 K 대학교는 갖가지 훌륭한 캠프와 프로그램이 많습니다. 이러한 프로그램에 입소하기 위해서는 면접과 서류 통과는 필수입니다. 이 프로그램을 전국의 소수 학생들만 누릴 수 있다는 점이 너무도 아쉽다는 생각이 듭니다. 학교에서는 이러한 교육을 받을 수가 없는 것이 현실입니다. 이미 유수의 각 대학에서는 갖가지 캠프를 진행하고 있으며 부자 부모들은 그러한 혜택을 잘 이용하고 있습니다. 혹여나 대외활동에 못 들어가면 충분히 만들 수 있으니 비슷한 커리큘럼을 학교와 가정에서 하면 됩니다.

부자 부모들은 '보통'이라는 게임의 규칙에 익숙해지지 않으려 합니다. 그 게임은 보통의 사람들을 위한 게임이기 때문입니다. 학교생활이라는 단순한 게임과 입시 성적에 익숙해지면 안 됩니다. 아이들

남들과 똑같지 않은 생각은 바로 솔직함에서 시작한다.

에게 '불규칙성'을 주어야 합니다. 비틀고 다르게 보게 해야 합니다. 보통의 교육에 대한 합리적 의심을 하게 질문도 해야 합니다. 학교의 교육을 기본적으로 배우되 나만의 정체성을 찾아가고, 나에 대한 인생탐구를 학교 내외부에서 연습해야 합니다. 학교 안의 생활도 중요하고 학교 밖의 생활도 중요함을 인식시켜주는 것이 중요합니다.

일본 소프트뱅크 회장인 손정의 아버지는 "가끔은 학교와 세상이 거짓도 가르친단다. 그들을 전부 믿지는 말고, 상식을 의심하고 비틀어보는 훈련을 하는 것이 중요하다. 합리적이며 비판적 사고, 모방이 아닌 융합의 사고, 창조하고 연결하는 사고를 길러야 한다."라고 자주 말했다고 합니다. 너무도 일리 있고 비범한 말입니다. 일을 단순히 배워서 모방을 하거나, 일반 상식과 고정관념을 수동적으로 받아들이는 것을 멀리하며 주체적인 능동성을 기르도록 그의 아버지는 교육

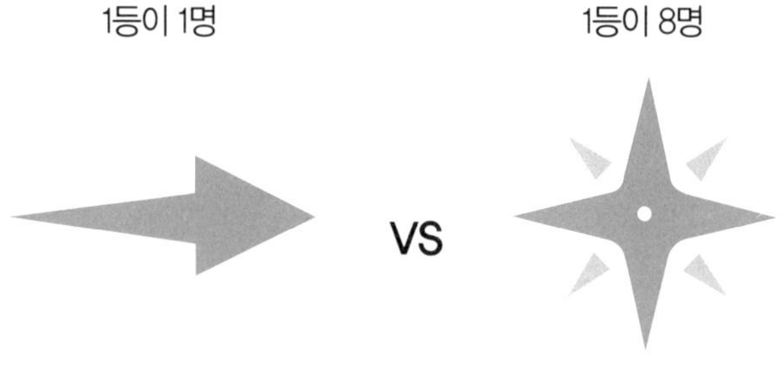

열린 사람은 학교 공부의 1등만이 답이라 생각하지 않는다.
여러 방향으로 뛰면 여러 1등이 나올 수 있음을 알고 있다. _이어령

했습니다. 손정의 사례는 부모가 어떻게 세상을 바라보고, 자녀를 교육하고, 어떤 사고를 기르도록 하느냐에 따라 수백조 원의 자산가가 될 수 있는지 좋은 예시입니다.

학교에 가는 것은 가성비가 좋은 교육 방법일 수 있고, 정석적인 방법일 수 있지만 '보통의 교육'은 아닌지 그리고 부족한 교육은 없는지 생각해봐야 합니다. 꼭 한 번 깊이 있게 생각해보고 아이들을 위해 무엇을 준비해야 할지 부부가 함께 의견을 나누어도 좋습니다. 그리고 우리의 목표가 1등이 아닌 100점이 되는 상대평가가 아닌 스스로 절대평가가 되도록 살아야 합니다. 목표를 1등으로 잡는 순간 외부와의 경쟁이 되지만, 100점을 목표로 한다면 외부와의 경쟁이 아니라 자기 자신과의 경쟁이 시작되니까요.

02

시크릿 2 :
부자 부모는 경험을 통해 부의 추월차선을 만든다

경험 부자 :
부자 부모는 큰돈을 쓰더라도 경험을 선택한다

- 자신이 살면서 가장 성취감이 있었던 경험을 기술하세요.
- 자신이 열정을 가지고 진행한 대표적 활동을 기술하고 그 결과를 기술하세요.
- 자신의 실패 경험을 기술하세요.
- 기존의 방식이나 현상에 대해 문제의식을 갖고 문제를 개선한 경험을 기술하세요.
- 난관에 부딪혔을 때 이를 극복하기 위해 노력한 경험을 기술하세요.
- 조직이나 팀의 목표 달성을 위해 노력했던 경험을 기술하세요.

위 질문은 기업에 취업하기 위해 쓰는 자기소개서, 이력서, 경력기술서의 단골 질문입니다. 실제로 실리콘벨리, 국내 대기업, 중견기업은 채용의 조건으로 문제 해결 능력과 다양한 경험을 중요하게 생각한다고 했습니다. 그렇다면 기업은 왜 경험에 대한 질문을 할까요? 바로 경험을 통해 그 사람의 역량과 능력을 엿볼 수 있기 때문입니다. 학교에서 배운 전공 능력보다 더 중요한 것이 삶에서 경험하고 해결했던 능력인 셈이죠.

회사는 '경험'을 원하고 있습니다. 그렇다면 일반 취업자는 그 회사의 입맛에 맞게 준비해야 합니다. 우리 아이들이 미래에 직면할 취업과 창업의 문제에서 자유로워지려면 기업의 니즈인 경험의 역량을 충분히 쌓아야 합니다.

취업을 하기 위해서는 자기소개서와 이력서를 써야 합니다. 이때 필요한 것이 바로 사회 경험, 근로 경력, 학교생활 경험 등과 같은 것입니다. 어떤 회사는 단순히 한 줄만 기입할 수도 있고, 어떤 회사는 자세하게 기술하게 하기도 합니다. 중요한 것은 회사에서 돈을 벌기 위해 인재를 채용하는데, 이때 바로 인생 경험과 직무 경험을 중시한다는 것입니다.

외국의 경우 이러한 기업의 본질을 이미 알고 있기 때문에 고등학생 시기까지를 기본기를 닦는 시간이라고 인식하고 있습니다. 그렇기에 맘껏 뛰놀게 하고, 커뮤니티 내에서 다양한 경험으로 역량을 이끌어내고 있으며 해외여행, 배낭여행, 우프 등을 통해 전 세계 경험도 쌓게 합니다. 왜일까요? 바로 이러한 경험은 청년기에 필요하다는 사실을 매우 잘 알고 있기 때문입니다. 세계 최대 전자 상거래 업체인 아마존의 CEO 제프 베조스는 자녀교육 방법으로 경험할 수 있는 환경을 만들어주는 데 늘 집중한다고 말했습니다. 온실 속 화초처럼 양육하고 부모가 대신 해주기만 한다면 진취적인 성인으로 자라나지 못한다고 생각하기 때문입니다.

그는 "나는 혼자서 아무것도 해결 못하는 아이보다는 손가락 9개인 아이가 낫다."라는 말로 경험의 중요성을 거듭하고 있는 것입니다. 즉, 가정 내에서의 공구 사용, 코딩 훈련, 사회 훈련 등 물리적으로 위험하지 않은 범위 내에서 각종 경험을 하는 일에 자녀교육을 집중한다는 것입니다.

기업과 세상이 원하는 문제 해결 능력을 길러야 취업이 됩니다. 지금 세대는 지식전수형 교육이 종말되는 시대입니다. 정보는 넘쳐나고 지식의 총량은 증가되어 지식의 가치가 예전 같지 않은 시대입니다. 지금은 오히려 통찰하고 사고하며 창의하는 사람이 수억 원의 연봉을 받으며 회사에 입사하는 시대입니다. 세상과 기업은 단순한 것은 기계와 인공지능에 맡기고, 어렵고 창의적이며 인간다운 것을 인재에게 맡기려고 합니다. 이 인재들의 특성이 바로 깊은 경험을 다양하게 했다는 사실이죠. 그런데 경험은 단기간에 쌓이지 않습니다. '베테랑'이라는 단어는 라틴어 'veteranus'에서 유래한 말로써 군대에서 '오래

복무한' 의미를 가지고 있습니다. 시간이 답입니다. 시간에 기대어 아이들에게 다양한 경험을 시켜주어야 합니다. 그래야 베테랑이 됩니다. 그래야 회사에서 그 사람을 뽑고, 우리 아이가 창업한 회사가 인정을 받습니다. 그렇게 우리 아이의 진짜 적성과 소질에 맞는 전문성을 살리도록 해야 합니다. 점수에 맞춰 학교와 학과를 정하면 결국 힘들어집니다. 앞서 말씀드렸지만 공부는 억지로 하면 독이 됩니다. 또한 아이들은 아직 어리기 때문에 경험을 자기 스스로 주도적으로 진행하기가 어려운 존재입니다. 부모님들이 놀이처럼 즐겁게 진행해야 하고 부모가 함께 주도적으로 경험을 이끌어주어야 합니다.

우선 부모가 볼 때 내 아이가 우선순위로 경험했으면 하는 카테고리와 그룹을 정해보세요. 예술적인 자질이 보인다면 문화, 예술, 박물관 등에서 창작활동을 할 수 있도록 해봅니다. 사회성이 강한 자질이 보인다면 각종 과학, 영어, 창의력 캠프참가, 봉사활동에 참여를 같이 해보는 것이죠. 이때 중요한 것은 함께 하는 것입니다. 초반에는 꼭 부모와 자녀가 함께 하고, 이후에는 친구들과 놀이를 하게 해야 합니다. 같이 하며 '재미'를 찾게 하는 것이 중요합니다. 즉 '호기심'과 '관심'을 증대시켜야 하는 것이죠. 만일 아이가 사달라고 하는 경향이 강하거나 소유욕이 있다면 저축, 주식 등을 가르쳐보는 것도 좋습니다. 아나바다 장터, 플리마켓 등에 스스로의 물건을 판매하는 등 창업활동을 통해 인식의 확장을 시켜주는 것이죠. 아이들은 자신의 경험을 즐겁게 생각해야 합니다. 만약 재미도 없이 억지로 한다면 그것은 경험이 아니라 고역이 될테니까요.

부모들이 자신의 아이를 가장 잘 압니다. 각종 검사를 참조해도 되고, 전문가와 컨설팅을 해도 좋으나 꼭 부모가 상담을 해야 합니다. 한 번에 우리 아이에게 맞는 것을 찾을 수 없다면 과정 중에 불필요한 것은 잘라내는 것도 필요합니다. 다양하고 밀도 있는 경험이 아이들에게 진짜 역량을 기르게 해줌을 기억해야 합니다. 많은 경험이 쌓이고 자신의 느낌과 생각이 정리될수록 문제를 해결하는 자기주도능력은 더욱 발전합니다. 결국 즐겁고 능동적인 경험이 여러 분야에서의 셀프 부자가 되도록 돕습니다.

부자 부모들은 이렇게 아이들에게 맞는 적성을 찾아줍니다. 이 경험과 사회활동은 적성을 찾는 데 도움이 되지만 아이들이 취업을 하고 창업을 할 때도 큰 도움이 됩니다. 사회활동은 취업의 열쇠입니다. 공부보다 더 중요한 것이 사회 경험이니까요. 면접관들은 어떠한 경험을 했었고 그것을 통해 무엇을 배웠으며 그것이 우리 회사와 연계된 점을 자주 묻습니다. 면접관들은 이미 다 알고 있습니다. 학교에서 배운 지식은 회사의 실무에 턱없이 부족하다는 것을 말이지요. 많은 경험을 한 지원자가 우리 회사에 적합하게 적응하고 지식을 응용할 수 있을지를 봅니다. 단순한 주장과 답변이 아닌 '스토리'에 집중해야 합니다. 서로 다른 것을 연결할 수 있는 연결 능력, 서로 다름을 이해할 공감 능력, 오랫동안 훈련된 소통 능력입니다.

적성과 소질을 찾기 위해서는 다양한 경험을 하고, 스스로가 많이 느껴야 합니다. 실제로 다양한 경험과 많은 지식 습득이 취업과 창업에 큰 도움이 됩니다. 나이는 크게 중요하지 않습니다. 다만 그 사람에게 맞는 시간과 타이밍이 있을 뿐입니다. 30대 이전에는 자신이 분명히 하고자 하는 일을 찾기 위해 다양한 경험과 프로젝트를 추진해보는 것이 좋습니다. 세상은 일에 대한 진행 능력과 역량으로 살아가는 것이지 과거의 스펙과 학교 성적으로 살아가는 것이 아니니까요.

1. 익숙한 분야에서 벗어나 다양한 경험 쌓기

대부분의 사람들은 자신이 익숙한 방식으로 일을 처리하려고 합니다. 그런데 생각해보면 잘못된 자세나 습관 같은 것은 익숙함이 불러온 관성 같은 것입니다. 운동을 갑자기 시작하면 근육통이 생깁니다. 안 쓰던 근육을 사용했기 때문인데 그래도 계속해서 운동을 하면 근육이 찢어지고 회복되는 과정을 거쳐 튼튼한 근육으로 만들어집니다. 이렇듯 익숙한 곳에서 확장성을 가지고 의지를 갖고 진행하면 올바르게 변화하는 것입니다. 이때 중요한 것이 있습니다. 주위의 조언을 잘 듣는 마음의 귀가 있어야 하는 것이죠.

요즘 들어 음악 분야에서 다양한 장르의 뮤지션이 협업으로 작업하는 경우가 많습니다. 그들의 인터뷰를 들어보면 공통점이 있는데 바로 자신의 한계를 벗어나기 위해 끊임없이 자극을 받기 위해 노력한다는 것입니다. 가왕 조용필의 〈헬로우〉 앨범이 찬사를 받는 것 역시 같은 원리입니다. 자신의 현재를 벗어나 새로워지도록 해야 합니다. 과거와 현재의 나를 벗어나야 발전이 있는 것입니다.

2. 경험은 한 번으로 끝나는 것이 아니다

인간의 뇌는 의식과 무의식, 초의식으로 구성되어 있다고 합니다. 의식과 무의식이 만나면 언제나 무의식이 승리할 확률이 높다고 합니다. 왜냐하면 의식이 논리와 사고의 영향을 받고, 무의식은 본능에 영향을 받기 때문이죠. 습관이 몸에 배면 무의식적으로 행동화하게 되기 때문에 무서운 것입니다. 그러므로 가장 좋은 것은 본능을 넘어서 습관을 변화시키도록 노력해야 하는 것입니다. 처음이 힘들고 그 다음이 힘들어서 그렇지 꾸준히 반복하다보면 습관이 됩니다. 역시 의식을 하며 천천히 하는 반복이 최고입니다. 몸이 기억하고 뇌가 기억하기 때문입니다. 기억하기 싫어도 새겨지도록 머리와 몸에 체계화를 시켜야 합니다.

3. 경험은 꼭 정리하고 기록해야 한다

"나 그 경험 있어!"라고 할 때 이 경험이 한 번뿐이라면 그 경험은 신뢰할 수 있을까요? 과연 그 경험이 체화된 것이라고 말할 수 있을지 의문이 듭니다. 경험은 깊이 다루었거나 반복된 일이어야 합니다.

한 번의 경험으로 그것이 우리의 삶에 강력한 무기가 되었다고 생각해서는 안 됩니다. 단순한 사실이지만 많은 이들이 스스로의 역설에 빠져 있을 때가 많습니다.

경험을 하되 어떤 경험을 얼마만큼 깊이 있게 했느냐가 중요하고 그 경험을 통해 무엇을 느꼈으며 앞으로 어떤 것을 계획할 수 있느냐가 중요할 것입니다. 또한 이때 자신의 생각과 행동을 정리하고 기록하는 것도 필요합니다. 견학을 갔다고 가정해 봅시다. 견학을 가기 전에 체계적으로 어떤 것을 경험할지 사전에 조사하는 것도 좋은 방법입니다. 그리고 경험을 통해 느낀 그 행동들을 자신의 삶에 수시로 적용해야 합니다. 가령 물건을 자주 잃어버리는 경우, 마지막으로 체크하는 습관, 누군가 자신에게 부탁을 할 때 지혜롭게 거절하는 방법, 중요한 일을 앞두고 긴장이 될 때 푸는 방법, 만나서 얼굴을 보고 사과를 해야 하는 경우, 상대방에게 조언을 해야 하는 경우 등 모든 상황은 연습이 가능하고 준비가 필요한 것입니다.

역경이 비범함을 이긴다는 말이 있습니다. 아이들이니까 고생 안 시켜야해, 아이들이니까 이 정도 경험이면 충분하다고 생각하는 부모라면 이 생각부터 지우길 바랍니다. 부모는 자신의 경험을 최소한 아이들에게 유산으로 물려줄 수 있어야 합니다. 10대~20대의 경험이 노년기까지의 삶을 좌우하기 때문입니다. 10대~30대 초반까지 경험이 40대에 들어서 부자가 될 확률을 높여준다고 아예 인지하며 아이에게 많은 경험을 쌓을 수 있도록 안내하길 바랍니다.

역량 부자 :
취업과 창업은 자신의 역량에 따라 좌우된다

고등학교와 대학교를 졸업할 때 필요한 것은 직무 역량이고 결국 진로의 종착역은 취업이나 창업입니다. 결국 진로의 길에 필요한 것은 역량이지 그 직업 자체가 아니라는 말이죠. 일명 어른교육 즉 직무교육을 강조하는 것은 바로 현재의 산업구조에 필요한 이야기이기 때문입니다. 여전히 우리나라는 스펙이 중요하지만 결국 취업과 창업에 성공하기 위해서는 직무 역량을 키워야 합니다. 이러한 직무 역량은 기업의 이해, 세상의 이해로부터 시작합니다. 가령 기업은 기업에 도움이 될 사람을 뽑습니다. 회사의 이익을 더 증가시켜주고, 업무를 더욱 원활하게 만들어주는 인재를 채용하는 것이죠. 우리는 기업 CEO와 인사 담당자가 어떠한 일을 하고 있는지, 어떻게 업무를 처리하고 있는지 알아야 합니다. 그래야 그들의 입장에서 필요한 사람이 누구

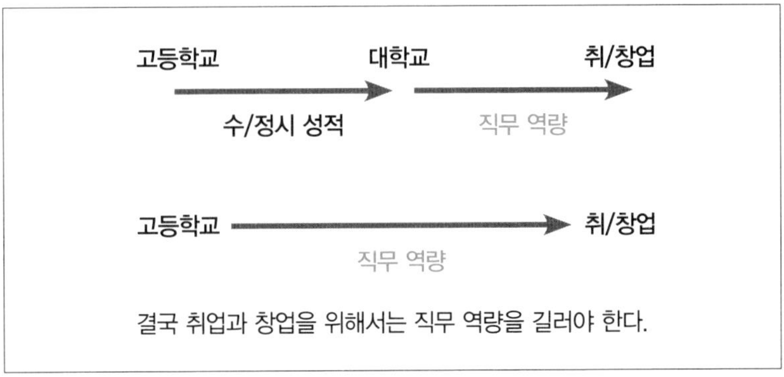

인지 알 수 있으니까요.

최종 현장에서는 이렇게 직무 역량을 갖춘 사람을 뽑는데 아직까지 학교 현장에서는 입시와 전통적 학생다움만 강조합니다. 우리 아이들이 취업 역량, 사회 역량을 길러야 하는데 지식만 늘리는 것으로 사회와 학교 시스템이 조직되어 있는 것입니다. 어른들은 수시와 정시를 나눌 뿐 교육 체계와 입시의 본질에 대한 노력은 분리해서 생각하고 있는 것 같을 때가 많습니다. 한번 이 부분을 잘 생각해 보기를 바랍니다. 4차 산업 시대에도 대학 졸업장이 중요할지 아니면 기계와 싸우며 기계를 활용할 역량이 중요할지 말이지요. 과거에 익숙하고 매몰되어 있으면 절대 안 됩니다. 관점을 새로 디자인하고, 역발상을 하며 새로워져야 합니다. 잘 아시겠지만 학교는 단순히 입시를 목적으로 한 교육 기관이 아닙니다. 입시 이후에 아이들은 결국 사회로 나오게 되어 있는데 미리 준비된 역량이 없다면 방황하게 됩니다. 나만의 것이 없는 상태로 남들의 것만 따라하게 되는 것이죠.

역량은 어떤 일을 해낼 수 있는 힘을 의미합니다. 이 역량을 설명하기 위해서는 빙산의 의미를 이해하면 좋습니다. 빙산이 있는 수면 아래의 기질과 수면 위의 기술, 지식의 융합이 바로 역량인 것입니다. 혹자는 수면 위만 역량이라고 생각하지만 역량은 연결성과 유기적 관계에 근거해야 합니다. 태어난 기질과 특성에 맞게 훈련된 기술과 지식을 가진 사람이 진짜 '코어 인재'이기 때문입니다. 이러한 역량을 가진 사람을 기업은 채용합니다. 삶의 역량을 길러야 할까요, 아니면 겉

스펙만을 추구할 것인가요?

역량은 앞서 말씀드린 삶의 다양한 경험과 훈련에서 강화됩니다. 깊고 다양한 경험을 통해 자신만의 정체성과 생각이 정립됩니다. 이때 중요한 것은 수면 위와 수면 아래의 경계에 있는 부분인데 바로 이 부분이 사고방식입니다. 우리가 어떻게 생각하느냐에 따라 행동이 달라지는 것이 이 부분 때문인데 내제된 기질은 A이지만 B와 C에 따라 다른 행동과 역량이 나올 수 있는 것입니다.

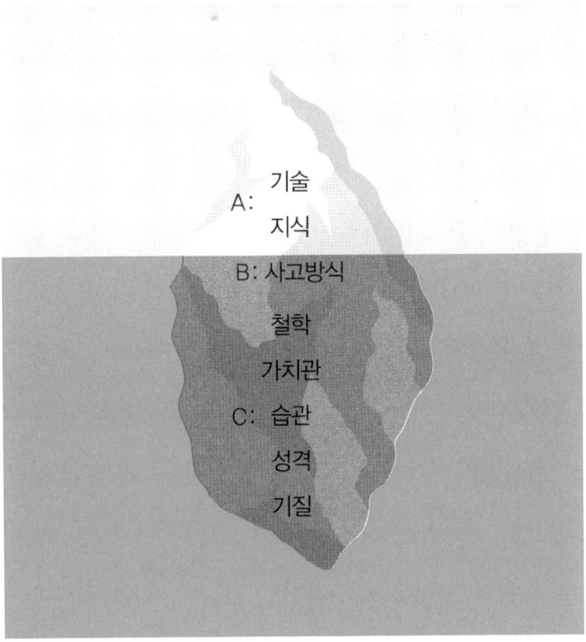

예를 들어보겠습니다. 우리가 긍정적 사고를 할 때도 있지만 부정적 사고를 할 때도 있습니다. 그런데 행동학적으로 한 단계 더 나아가면 긍정적인 사고는 곧 적극적으로 되고, 부정적인 사고는 수동적인 행동으로 이어지기 쉽습니다. 빙산의 경계면인 사고에서 어떻게 생각하느냐에 따라 행동이 연결된다는 것이죠. 비슷한 성격과 기질, 환경에서 태어나지만 '어떻게 사고' 하느냐가 그 사람의 운명과 삶을 바꾸는 것입니다. 거기에서 부자와 빈자, 겸손과 거만, 행복과 불만 등이 나뉘게 됩니다.

동서양 모두 기질에 대하여 호기심이 있습니다. 철학관을 방문하거나 히포크라테스 테스트, MBTI 주니어 검사 등을 통해 기질을 알기도 합니다. 일종의 통계인 셈인데 그것이 맞고 아니고를 떠나서 기질이라는 것은 존재한다는 것입니다. 물론 사람은 기질에만 국한되는 존재가 아닙니다. 기질을 넘어서 자신의 운명을 개척할 수 있기도 합니다. 사고방식의 변화, 사회활동 참여, 행동역량 개발을 통해 운명을 바꿀 수 있는 존재입니다. 학원을 가고 자기계발을 하여 변화되는 것은 후천적 역량 강화를 통한 발전의 좋은 예시입니다. 우리 아이들의 선천적인 특성과 성격, 성향을 잘 분석하여 공통적인 사회 역량과 자기 역량을 키워준다면 행복한 삶으로 이어질 수 있을 것입니다.

역량은 경쟁의 의미를 내포하기도 합니다. 또한 역량은 능력이라는 말과 비슷한 것 같지만 이보다는 더 지속가능한 경쟁 우위에 있는 기반이 됩니다. 일반적인 나무는 보통의 나무이지만 튼튼한 소나무는 바람에 대한 내성적 능력이 있어 태풍이 불었을 때도 뿌리 깊게 버티게 됩니다. 이것이 능력과 역량의 차이입니다. 이 역량을 학교와 가정에서 먼저 길러주어야 합니다. 이미 인생을 먼저 산 어른들은 알고 있습니다. 태어나는 순간부터 인생의 태풍은 하루에도 몇 번씩 오기도 하고 어떨 때는 쓰나미 같은 큰 파도가 오기도 한다는 것을요.

사회생활을 해본 사람이라면 학교 지식이 많은 아이와 세상 역량이 뛰어난 아이 중 누가 더 취업과 창업에 성공할지 알 것입니다. 저는 아이들에게 "이왕이면 공부를 잘하면 좋지만 공부를 못해도 괜찮단다. 하지만 세상을 사는 역량은 꼭 기르렴. 그래야 취업이 더 잘된다."라고 이야기합니다. 아이들은 하기 싫은 공부 말고도 성공할 수 있다는 길을 알게 되면 눈망울이 바뀝니다. 입시 위주의 사고에 사로잡혀 놓치고 있던 사실을 인지할 때 역량을 높이는 일에 집중할 수 있습니다. 역량은 성공적인 수행과 성과에 기여하는 필요 능력, 지식, 태도, 자세, 가치관, 일관성 등을 의미합니다. 포기하지 않는 완주 능력, 사람들과 잘 어울리는 사회성, 말을 무겁게 하는 신중함, 사건을 꿰뚫어보는 직관, 전체를 구성할 수 있는 기획력, 낯선 사람들에게 말을 걸고 원하는 결과를 도출할 수 있는 영업력, 사물과 사건을 연결하는 연결 능력 등이 있습니다. 아이들은 이미 이러한 능력을 각자 다르게 가지고 있습니다.

도대체 회사에서 왜 직무 역량, 핵심 역량, 미래 역량을 강조하는지 알아야 합니다. 4차 산업이 우리 삶과 학교 지식을 대체할 것이기 때문에 깊게 생각해봐야 할 일입니다. 사람은 기계를 관리하고, 새로운 것을 창의하고, 인간다움을 즐겨야 하는 대상이기 때문입니다. 아래 표는 〈세계경제포럼〉에서 발간한 '직무의 미래'입니다. 〈세계경제포럼〉에서 명문 대학 간판, 좋은 입시 성적, 국영수과 능력이 중요하다고 할까요? 아닙니다. 우리가 학교에서 배우는 지식을 활용하고 융합하여 역량이 구직의 필수요소라고 합니다. 사회에 나오는 순간 학교와 책에서 배운 지식은 기본일 뿐입니다. 현재 직무 핵심 스킬의 58%는 2022년에도 유용하지만 나머지 42%는 새로운 역량이 필요하다고 합니다.

2022년에 요구되는 스킬

	증가세	감소세
1	분석적 사고, 혁신	손 기민성, 인내력, 정확성
2	적극적 학습, 학습 전략	기억, 언어, 청각, 공간 능력
3	창의성, 독창성, 주도성	회계·원자재 관리
4	기술 설계, 프로그래밍	기술 설치 및 유지
5	비판적 사고, 분석	읽기, 쓰기, 수학, 적극적 경청
6	복잡한 문제 해결	인사 관리
7	리더십, 사회적 영향력	품질 관리, 시간 관리
8	감성지능	협업, 시간 관리
9	추론, 문제 해결, 아이디어 생성	시청각, 구술 능력
10	시스템 분석 및 평가	기술 사용, 감독 및 통제

이 보고서는 현재의 4차 산업혁명의 핵심을 정확히 말하고 있습니다. 스마트 팩토리의 도입으로 사람의 일자리가 줄어드는 것이 아닌 관리하고 개선할 존재로서 사람의 역량이 필요한 것입니다. 실제로 정부가 강조하는 국가적 스마트 팩토리 전략화는 일자리를 뺏는 전략이 아닌 상생하고 효율성 개선에 초점이 맞추어져 있습니다.

불량률을 줄이고, 원가를 개선하는데 목적이 있는 효율적 시스템인 것으로 이 보고서처럼 사람의 역량은 기계와 알고리즘에 의해 더욱 증대될 것입니다. 가령 단순 반복적인 일은 기계가 하되 부가가치가 높은 일은 사람이 하는 것이죠. 과거의 몸 쓰는 일, 운반, 회계, 노무, 관리, 감독은 대체될 것이며 기술설계 및 프로그래밍, 분석, 사고능력, 창의성, 혁신, 감성지능 등은 강화될 것입니다.

역량을 강화시키는 방법으로는 모방을 1순위 방법으로 추천합니다. 해당 역량의 소지자, 롤 모델을 분석하고 따라하는 것이죠. 그리고 반복하는 것입니다. 이때 중요한 것은 억지로 타인의 역량을 따라하기보다는 아이에게 맞는 역량을 발견하는 것이 더욱 중요합니다. 조용하고 집중력이 좋으며, 남을 돕는 일을 잘하는 친구에게 억지로 활발한 영업 역량이나 리더의 역량을 강화시키는 것은 아이의 인생에 도움이 안 됩니다. 기본적인 소양은 두루 갖추되 아이에게 맞는 역량을 강화시키는 것이 맞습니다.

경제적 부자 아이의 역량을 기르게 하고 싶다면 부자의 역량을 따라해야 합니다. 미국 링크드인 사이트에 따르면 자수성가한 억만장자, CEO들 상당 부분이 영업 능력이 뛰어난다고 합니다. 자신이라는 콘텐츠에 대한 확신이 있는 자존감 부자, 사람의 설득이 가능한 화술 부자, 사람이 좋아할 인간적 매력이 있는 사회성 부자가 성공한다는 것입니다. 실제로 코스닥 CEO, 스타트업 CEO들의 사장은 영업인이고 관리인이라고 합니다. 이런 식으로 여러 경제적 부자의 자서전, 기사를 3~4권 읽고 따라하면 부자의 역량이 생성되게 됩니다. 그렇다면 꼭 그 사람처럼은 되지 않더라도 그 사람의 정신적이며 철학적인 역량을 흡수하게 됩니다.

성인들은 리더쉽, 목표지향성, 전문성, 자신감, 조직지향성, 유연한 사고, 대인 이해력 및 관계구축력, 고객 우선주의, 분석력, 성실성, 적극성, 긍정성, 논리력, 절제력 등의 역량만 있다면 충분히 사회에서 높은 연봉을 받을 수 있고, 취업과 창업에 성공 가능성이 높음을 알고 있습니다. 대학 간판이 부족해도 위 역량만 있다면 충분히 부자가 되는 것입니다. 기업은 직무를 구분하여 일을 효율적으로 진행하며 역량을 중심으로 채용하고 배치하여 사람을 관리한다는 사실을 기억해야 합니다. 가정과 학교에서 우리 아이만의 역량을 발견하여 삶에서 훈련하면 됩니다. 칭찬과 반복, 프로젝트를 통해서 말이지요.

지식은 활용되고 응용되기 위해 존재합니다. 아이들을 취업, 창업 부자로 만들기 위해서는 이런 실무 역량 부자로 만들어주어야 합니다. 실제로 현장에서 만나는 아이들은 모두 이미 '역량 부자'입니다.

누군가는 잘 떠들고, 말을 잘하고, 잘 웃고, 친구를 잘 챙기는데 어른들은 모두 공부해서 대학에 가야한다고 외치고 있습니다. 아이들은 외향적으로 영업, 마케팅을 잘할 아이들, 순수미술을 확장한 제품 디자인에 소질이 있는 아이, 친구들과 사회성이 좋은 아이, 리더십이 좋은 관리자형 아이, 톡톡 튀는 기발한 아이디어가 많은 기획자 아이, 말수는 없지만 잘 들어주는 상담자형 아이 등 각기 다른 색깔의 부자로 살아갈 준비가 되어 있습니다. 그런데 어른들이 그 색깔을 모두 통일시키려하니 문제입니다. 공부에 흥미를 가지지 않은 아이들이 '잘 먹고, 잘 살게' 하기 위해서라도 어른교육을 잘 시켜주어야 합니다. 먹고사는 것은 '삶'의 문제이기 때문입니다. 실제로 제가 현장에서 기획 훈련, 마케팅 훈련, 영업 훈련, 발표 훈련, 협동 훈련, 프로젝트형 수업을 강조하는 것은 바로 사회와 기업이 원하는 '실무형 인재'로 성

관점을 바꾸면 역량이 된다

말 잘하는 아이, 잘 들어주는 아이, 잘 노는 아이, 잘 웃는 아이, 아이디어가 좋은 아이, 호기심이 많은 아이, 질문이 많은 아이, 신중한 아이, 책임감이 좋은 아이, 포기하지 않는 아이, 스토리텔링을 잘하는 아이, 남을 잘 돕는 아이, 아무한테나 인사를 잘하는 아이, 감수성/감성이 남다른 아이, 지역사회 활동을 잘하는 아이, 자기 관리를 잘하는 아이, 응용을 잘하는 아이, 문제를 잘 푸는 아이. 오지랖이 넓은 아이, 강압적인 아이, 언변이 능한 아이, 즉흥적이며 대응이 좋은 아이, 폐쇄적이고 배타적인 아이, 소심한 아이, 무례한 아이, 자기중심적인 아이

장시키기 위함입니다. 우리 아이를 역량 부자로 꼭 키워주셔야 합니다. 4차 산업의 시대 그 어떤 역량보다 중요한 인간의 능력입니다.

스펙 부자 :
기업은 전문성 없는 스펙을 원하지 않는다

현장에서 강연을 하다보면 "스펙 위주의 평가가 사라질까요? 스펙은 사라져도 스펙 같은 요소를 통해 평가는 항상 존재하지 않을까요?"라는 질문을 교사와 부모들에게 던질 때가 있습니다. 정부와 정치인들은 대한민국의 스펙 교육을 바꿔야 한다고 선거 때마다 이야기하고 있지만 공약은 쉽게 지켜지지 않고 있습니다. 과연 본질적으로 스펙 위주의 채용 시스템이 바뀔 수는 있을까요? 과연 명문대라는 타이틀에 대한 가치가 하락할까요? 스펙을 멀리한 면접, 스펙 없는 창업 지원금 교부, 스펙 없는 입사의 기회가 실효성과 효율성 측면에서 의미가 있을까요? 기업의 스펙 채용은 사라질지 모르지만 다른 방향의 본질적 스펙은 더욱 강화될 것이라고 이야기합니다. 스펙 타파 현상은 스펙의 본질을 살리되 잘못된 스펙 현상을 바꾸는데 의의가 있습니다.

현실의 스펙에 대해 말씀드릴 때 다소 조심스럽기는 합니다. 혹시나 경쟁을 유발하는 자극적인 말이 될 수 있기 때문입니다. 물론 경쟁이 남과의 치열함이 아닌 스스로와의 경쟁으로 궁극적으로는 경쟁이 아닌 즐기는 삶을 살기를 바랍니다. 그렇기 때문에 자녀가 특별히 뛰어나지 않고 조용히 평범하게 사는 것이 좋다고 말하는 부모들에게 경쟁해야 한다고 말하지 않는 편입니다. 왜냐하면 사람마다 가치관이 다르기 때문에 자칫 기분이 나쁠 수도 있으니까요. 하지만 돈과 권력, 시간, 능력 등은 자신이 원하는 것을 얻을 수 있는 유리한 조건이 됨을 담백하면서 위트 있게 전하는 편입니다.

스펙 현상은 분명 지양해야 하지만 완전히 사라지기까지는 오랜 시간이 소요될 것입니다. 그렇기에 그 과도기에 있을 아이들을 선동

> **회사에서 요구하는 자기소개서의 대표적 질문**
>
> - 해당 분야 지원 동기와 입사 후 계획을 작성하세요.
> - 문제에 대하여 정확한 분석을 바탕으로 효과적으로 해결한 경험을 구체적으로 작성하세요.
> - 학과, 동아리, 동호회, 회사 부서와 같은 조직 내에서 친분이 없던 사람과 협력하여 일을 진행했던 사례를 작성하세요.
> - 최근 3년 이내 자신의 정보 수집, 분석 능력으로 소속팀의 업무 수행에 영향을 미친 성과를 작성하세요.
> - 직무 관련 본인의 직무 역량에 대하여 과거 사례를 들고, 향후 우리 회사의 업무 수행 시 기여할 구체적인 내용을 작성하세요.

하거나 현혹해서도 안 됩니다. 아이들에게 무조건적으로 스펙을 적대시하거나, 준비하지 않아도 된다는 무책임한 말은 적어도 하지 말아

야 합니다. 과거의 스펙 시험, 스펙 평가 방식은 사라질 수 있지만 사람 마음에 내재된 인식과 사회의 기득권은 사라지기 어렵기 때문입니다. 우리 사회를 주름잡고 그로 인해 기득권을 유지 중인 사람들, 학교에서 시키는 대로 열심히 공부한 사람들, 스스로의 노력으로 사회적 성공을 쟁취한 사람들이 그것을 놓지 않으려 할 것이기 때문입니다. 스펙이라는 것이 부정적인 의미가 있더라도 누군가에게는 노력의 결과물입니다. 이는 스펙 현상, 줄 세우기 전략이 무조건 나쁘다는 사실이 아님을 의미하기도 합니다. 어떤 면에서는 이러한 스펙이 사회의 긍정적인 순기능을 야기하기 때문에 그 장점은 유지하되 잘못된 개념과 구조가 있다면 시간을 들여서라도 사회적 합의를 통해 개선되어야 할 것입니다.

이 책에서 '경쟁하는 삶은 나쁜 것이고, 잘하는 것 하나만 있어도 평생 먹고 살 수 있다, 북유럽 아이들처럼 우리나라 아이들도 행복해져야 한다, 선진국 교육을 목표로 우리도 이룰 수 있다'라는 식의 이상향적인 이야기를 강조하지 않는 것은 바로 정책의 과도기, 문화의 형성에 따른 시간의 소요, 균형성 등에 더 주안을 두기 때문입니다. 어른들이 아이들에게 지나치게 달콤한 말로 현실을 직시하지 못하게 해서는 안 됩니다. 경쟁 없는 혁신은 없다는 것을 잊지 말아야 합니다.

취업에 있어 필수 단어인 스펙은 사실 다양성보다는 전문성의 의미에 더 가깝습니다. 스펙은 단순한 자격증 모음, 경력 자랑용이 아닙니다. 기업이 토익, 컴퓨터 자격증, 봉사활동 등 여러 가지 스펙을 요구하는 것은 단순히 경험치를 보는 것이 아니라 남들보다 잘하는 것이 무엇이 있는지 확인하려 함입니다. 즉 전문성을 중요하게 보기 때문에 단순히 자격증 하나 더 있는 것에 속지 않는다는 뜻입니다. 기업은 고도화된 사회에 맞는 지원자들을 날이 갈수록 원하기 때문에 겉만 화려한 구직자보다 실체적인 전문성을 가진 사람을 더 원합니다. '구글', '시스코' 등 유망 스타트업이 그렇습니다.

고입, 대입을 준비하며 작성하는 자기소개서에 지원자들 모두 성실하다고 합니다. 모두 사고력이 좋으며 학우들과 관계가 모두 원만하다고 적습니다. 착한 학생이고 학교에서 선생님들 말을 잘 들었으며 가정에서는 착한 딸, 아들이라고 합니다. 그런데 과연 모든 학생들이 그러할까요? 그리고 자기소개서를 읽는 사람들이 그 말에 속을까요? 서로 알고 있습니다. 자기소개서는 마케팅이라는 것을요. 우선 자기소개서는 긍정적으로 써야 하며 글의 흐름이 구체적이어야 하는 등 챙겨야 할 것은 많지만 본질적인 것은 지원자 자신이 핵심 역량을 보유하고 있느냐입니다. 현장의 실무자들은 실무 능력이 있는 사람을 단번에 파악하기도 합니다. 그래서 현장에서 컨설팅을 할 때 주안을 두는 것은 바로 차별성과 전문성입니다. 만일 지원자가 차별성과 전문성을 가지고 있지 않다면 충분히 가질 시간을 두며 실력을 쌓으라고 조언합니다. 조급해할 필요는 없습니다. 남들을 따라하는 스펙이나 경험, 경력이 아닌 자신이 좋아해서 가진 진짜 경험과 전문성이

매우 중요한 때입니다

지원자 모두 서로가 뛰어나고 착한 학생이라고 강조하는 상황에서 기업은 어떻게 수십만 명의 지원자들을 필터링할까요? 남들보다 튀는 역량, 기업의 니즈를 파악한 전문성, 나만의 정체성에 맞는 소재로 면접관을 사로잡을 차별성이 있어야 합니다. 즉, 겉만 화려한 사람이 아닌 실제적 실무 능력과 인간다운 매력이 있는 사람임을 드러내야 합니다.

스펙을 가진다는 것은 다시 말씀드리지만 전문가가 된다는 것을 의미합니다. 전문가란 어려운 것을 쉽게 복잡한 것을 단순하게 말할 수 있는 사람입니다. 컴퓨터를 열거나 핸드폰을 뜯으면 복잡한 회로와 부품들이 모여 있습니다. 전문가는 IT 기술을 통하여 수천 가지 복잡한 로직을 기계 안에 넣지만 결국 단순화하여 일반인들이 간단하고 쉽게 쓸 수 있게 하는 사람입니다. 부자가 되려면 바로 이 전문성, 전공 능력을 길러야 합니다.

스스로에게 솔직하게 물어보세요. 당신은 전공 분야에서 상위권인가요? 뛰어난 전문가라고 스스로 자부하나요? 전공을 가진다는 것은 남들만큼이 아닌, 남들보다 훨씬 더 뛰어나다는 것을 의미합니다. 전문성을 기르는 방법은 간단합니다.

첫째, 관심 있는 소재와 좋은 주제의 책을 10권 정도 정독하여 읽으며 정리해봅니다. 읽다 보면 10권의 책이 공통적으로 나타내는 핵심이 보일 것이고 그 외의 부수적 요인이 정리가 되어 그 분야에 대하여 상위 10% 지식인으로 말할 수 있습니다. 10권을 모두 읽고 추가로 한 권씩 더 읽기 시작하고 관련 영상을 접하고 논문과 해외의 내용을 내 것으로 만든다면 이제 진짜 전문가의 길로 들어서게 됩니다. 전적으로 믿으시기 바랍니다. 해당 분야의 석사만큼의 지식을 가진 것과 같은 수준이 되니까요.

식당을 하려는 사람들은 온라인 마케팅 업자들에게 수백만 원의 돈을 주며 맡길 필요가 없습니다. 짬을 내서 반년만 공부하면 충분히 마케팅으로 부자가 될 수 있으니까요. 누구나 마케팅 전문가가 될 수 있습니다. 대중의 니즈 이해, SNS와 N 포털사이트의 노출 로직, 끌리는 제목 쓰는 법, 망고보드 활용 등을 충분히 독학으로 배울 수 있습니다. 필요하면 약간의 비용으로도 배울 수 있고요. 누군가는 원가도 얼마 안 드는 '마케팅'이라는 영역을 포장하고 공부하여 월마다 수백만 원에서 수천만 원의 돈을 벌고 있습니다.

둘째, 해당 분야 성공인 10명을 분석하여 똑같이 따라해봅니다. CEO의 성공 스토리를 조사하고 분석합니다. 아이들이 어떻게 그들이 노력을 했는지 접하게 해야 합니다. 가령 아이가 화장품을 좋아한다면 화장품으로 성공한 CEO, 크리에이터, 전문가를 분석하게 합니다. 그 사람의 기사와 책이 있다면 읽게 하고, 강연이 있다면 돈을 들여서라도 찾아가 듣습니다. 그리고 해당 회사의 제품을 여러 개 구입하여 화장품을 분석해보고, 회사의 주식을 매수하고, 주주총회에도 가보고, 회사 공장도 견학하면 됩니다.

초등학생이 수영과 구조에 관심이 있다면 학교의 보통 교육은 기본 소양으로 가지되 인명구조학, 응급처치 교육, 심폐소생 교육 등을 통해 소양을 기르도록 합니다. 응급구조대, 수영 강사, 수영을 활용한 직업인들을 많이 만나게 해주므로 실제적 스펙의 능력을 기르도록 하는 것입니다. 분석하고 정리한 것을 토대로 그들이 걸어간 길의 방식과 노력을 그대로 따라하게 하는 것이 중요합니다.

아이가 방송기획에 관심이 있다면 해당 분야의 실무가 담겨 있는 책을 재미있게 읽으면 됩니다. 연예인을 좋아하고, 방송국에 관심이 있다면 그곳에서 흥미 있는 직군을 고르게 한 후 책을 읽고 선배들을 카피하게 하면 됩니다. 나영석, 김태호 PD처럼 예능안을 미리 짜서 포트폴리오를 만들 수 있도록 하며 유튜브 채널을 만들어 운영을 하는 것도 큰 도움이 될 것입니다. 놀이가 공부이고 실제적 실무 행위이기 때문입니다.

마지막으로 증권사 리포트에서 4차 산업 혁명 리포트 10개만 읽게 하시기 바랍니다. 웬만한 대한민국 진로 강사들보다 더 나은 실력을 갖게 될 테니까요. 학생들에게 진로 강의를 하는 사람들 중 실무에 대한 것은 모른 채 4차 산업을 이야기하면서 그저 미래가 바뀐다고만 잔득 겁을 주는 경우가 있습니다. 대학 진학이나 취업을 앞둔 사람들이 증권가 리포트를 10개 정도 외우면 합격률이 높아지는 것은 사실입니다. 그 이유는 해당 리포트는 성인의 시각, 실무자만 쓰는 용어, 실무에 필요한 주요 내용이 액기스로 나와 있기 때문입니다.

대부분의 대학생과 취업 준비생들이 실수하는 것이 구직자 입장에서 취업 스펙을 생각하는 것입니다. 그렇기에 스펙도 천편일률적이고 평범할 때가 많습니다. 남들이 보기에 엄청난 스펙 같지만 결국은 남들과 비슷한 종류가 많습니다. 토익 900점은 우리 주위에 흔한 스펙입니다. 중요한 것은 보다 실무적인 영어회화 능력, 작문 능력일 것입니다. 그러므로 실무 역량이 중요한 것입니다. 실무 소프트웨어 능력을 보유하고 있다면 학교 간판을 이길 수 있습니다. 번지르르한 IT 자격증이 넘쳐나지만 기업에서는 실무에 바로 투입될 실전형 컴퓨터 능력을 선호하기 때문입니다. 가령 엑셀과 PPT가 최고급일 경우 기업은 쌍수를 들고 환영합니다. 디자인 툴도 잘 다룬다고 하면 예쁨을 독차지할 수 있겠죠.

청소년과 청년들이 취업하기 위해서는 이러한 스펙의 본질을 볼 수 있는 눈을 길러주어야 합니다. 종이 스펙보다는 스토리 스펙 부자가 되면 가능합니다. 인생의 시간에 기대어 전문성을 기르도록 해주어야 합니다. 토익 점수는 높지만 말하기와 쓰기가 어려운 직장 초년생을 더 이상 양성해서는 안 됩니다. 영어를 언어로 이해하고 말하고 놀게 하면 됩니다. 도움 안 되는 PC 자격증보다는 실무에 도움이 될 엑셀, 파워포인트, 디자인 툴, 영상 툴을 청소년기부터 배우도록 해야 합니다. 엑셀 하나만 매우 잘 다뤄도 취업 확률이 매우 높아짐을 꼭 느끼기 바랍니다. 영화에서나 나올 법한 잠재력 있는 인재 추구는 국내 기업의 현장에서는 거의 없습니다. 실무에 도움이 되고, 업무 적응력이 뛰어난 사람을 선발하고, 오랫동안 같이 할 사람을 뽑기를 원하고 있습니다. 현장에 적용 가능한 연구 능력과 사회 적응력, 문제해결 능력을 요구하는 셈입니다.

국내와 글로벌 기조는 이미 변화하였는데도 우리는 과거의 공식에 얽매여 취업 성공으로부터 스스로 멀어지고 있지는 않은가요? 국가는 정책으로, 어른은 훈육으로 올바른 환경을 조성해주어야 합니다. 어른들은 청년들에게 옳은 방향으로 노력할 수 있도록 등대가 되어 주어야 합니다. 그리고 청년들은 전문성과 실무적 능력, 남들과는 다른 기술을 소유하도록 노력해야 하고요. 이제 학교와 가정은 스펙의 본질을 추구해야 할 때입니다.

세계 부자 :
부자 부모는 아이가 세계와 친해질 수 있는 환경을 만든다

글로벌한 시대가 되면서 외국어 하나쯤은 잘해두면 얻는 것이 많은 때에 살고 있습니다. 기업 역시 외국어 실력이 좋고 더불어 외국 문화에 익숙한 사람을 원하기도 합니다. 국내 중소기업부터 대기업까지 모두 외국과 무역을 하고 외국의 아이템을 국내로 가져오기도 합니다. 이제는 모국을 넘어서 세계와 무한히 교류하고 경쟁하고 소통하는 시대입니다. 여전히 채용공고에는 외국어 우수자 우대가 쓰여 있습니다. 글로벌 기업이라 불리는 거대 기업들은 다국적 기업이라는 정체성을 가지며 각 나라의 인재를 흡수하고 있습니다. 즉, 돈과 회사의 가치로 각 나라의 인재들을 블랙홀마냥 빨아들이는 것입니다. 이러한 다국적 기업에 취업을 하는 아이들의 공통점은 바로 글로벌 마인드, 창의성, 미래 역량이 뛰어나다는 점입니다.

글로벌 마인드의 핵심은 바로 확장성에 있습니다. 닫힌 사고가 아닌 열리고, 확장적인 사고가 핵심입니다. 그렇기에 부자 부모들은 아이들에게 다양한 해외 경험으로 경험의 확장을 꾀하고 있습니다. 어린 시절에 다양한 나라의 경험은 다양성에 대한 이해의 폭을 넓혀줍니다. 다른 문화와 사고, 인종, 종교 등에 대하여 배타적이 아닌 수용성으로 연결되는 중요한 계기가 되는 셈입니다. 그렇다고 넓고 얕게만 경험해서는 안 됩니다. 충분한 시간 동안 그 문화권의 삶을 이해하고 깊은 경험을 하는 것이 취업과 창업에 매우 유리하기 때문입니다.

실제로 기업의 인사 담당자들은 자기소개서에 작성된 단기 여행, 관광으로서의 경험은 단점으로 여긴다고 합니다. 기업 최종 면접에서 면접 질문으로 '일본 도쿄타워 전망대에서 본 느낌을 설명해주세요, 하라주쿠의 유명 맛집을 알려주세요'라는 말은 하지 않습니다. 그들은 '일본 여행을 통해 우리나라 문화와 다른 점을 설명하고 우리 기업의 일본 진출 시 참고할 만한 일본 문화를 설명해주세요'라고 합니다. 그런데 우리는 일본에서 돈가스, 메밀을 먹은 기억에 행복해하고 일본의 관광지 투어를 해외 경험으로 포장합니다.

왜 이런 문제가 발생할까요? 어른들이 해외 경험을 추천하지만 대부분 관광 형태를 추천하고 있기 때문입니다. 즉 현장에서는 더 이상 관광이 아닌 현지인과 소통을 중요시해야 합니다. 눈으로 보고 혀가 즐거운 경험은 잠깐입니다. 뇌와 마음이 충격을 받는 여행이어야 생각의 변화로 이어지게 됩니다. 스토리가 있는 여행이어야 기억에 남고 귀국 후에도 해당 국가에 대한 관심이 지속됩니다. 가급적이면 현지인들과 깊은 대화, 삶을 나누는 체험을 하며 단순히 현지의 맛집에서 주문을 하는 수준이 아닌 현지 사람들과 일상을 나누고, 하루를 같이 보내는 경험이 좋습니다. 농장일, 집안일 모두 좋습니다. 현지의 사람들과 어울리는 것이 최고의 공부입니다. 다음은 학부모 강의, 성인 지자체 시민 강좌에서 많이 드리는 말씀이니 참조하시기 바랍니다.

1. 가능한 많은 나라를 다니도록 하게 해주세요.

2. 어떤 나라를 가느냐가 중요합니다.

3. 기간이 중요합니다.

4. 관광보다는 여행과 모험에 집중하세요.

5. 돈을 너무 많이 투자하지 마세요.

6. 기록을 남기고 사람과 대화를 많이 하세요.

7. 눈으로 보지 말고, 몸으로 경험할 기회를 만드세요.

8. 현지인과 어울리는 것이 중요합니다.

특히 어린 시절에는 이왕이면 다름이 있는 여행을 추구하시기 바랍니다. 성장하는 시기에는 다양성, 확장성, 넓은 스펙트럼이 필요합니다. 특히나 처음에는 우리보다 선진국, 역사의 한 획을 그은 지역을 방문해 느끼며 분석해보기를 바랍니다. 익숙지 않은 것과 일부러 만나고, 경이로움을 느끼며 세상의 넓음과 위대함을 몸소 느껴야 합니다. 휴식으로 자연이 있는 곳은 나이가 더 들어서도 갈 수 있습니다. 인문학과 기술이 넘치는 공간으로 여행하시기 바랍니다. 또한 아이가 넉넉하지 않은 예산으로 움직이게 해야 합니다. 사람은 부족할 때 채워지기 마련입니다. 가능하다면 자녀와 함께 여행을 기획하시기 바랍니다. 여행 자체에 대한 설렘과 정보를 아이들이 예습하게 하시고 현장에서 주도하도록 선행 장치를 마련해두는 것도 잊어서는 안 됩니다. 아이 스스로 자신이 가고 싶은 곳을 선정하게 하되, 그곳을 예습하며 미리 기획해보는 것입니다. 해외 경험의 방법은 다양합니다. 워킹홀리데이, 배낭여행, 해외봉사, 인턴십, 교환학생, 한 달 살기, 1년 살기 프로젝트 등이 예시입니다. 이와 관련하여 자세하게 설명하면 복잡해질 수 있으니 주위 인맥을 통해서 꼭 정리하시기 바랍니다.

외국생활을 잘하기 위해서는 당연히 외국어가 필수입니다. 아무리 기기가 발전하고, 휴대용 번역기가 발달되어 있어도 삶의 소통의 도구로써 언어를 배워야 합니다. 외국은 우리와 달리 언어를 시험의 목적이 아닌 소통의 언어로 즐기고 있습니다. 그들은 대화하며 습득하고, TV를 보며 공부하고 향상시킵니다. 발음이나 어조의 문제는 말이 통함에 있어서 아무런 문제가 되지 않습니다. 그저 양념일 뿐입니다. 콩글리쉬(한국), 징글리쉬(일본), 칭글리쉬(중국) 등 나라별로 발음이 다 다르지만 의사소통에는 문제가 없으니까요.

언어의 본질인 의사소통에 주안점을 두고 발음으로 괜히 아이 주눅만 들게 하지 말기를 바랍니다. 또한 문법에 매여서 틀리면 창피하다고 여길 필요도 없습니다. 방송인 샘 해밍턴이 한국어 문법, 발음을 틀려도 얼마나 한국말을 잘하는가요? 언어의 목적은 소통에 있습니다. 대화에 포인트를 두고 삶에서 자연스럽게 문장 자체를 듣고 암기하는 것입니다.

만약 자녀의 영어교육 문제로 상담을 요청한다면 "어려운 문법 공부 대신 영어로 된 동영상을 노출시키는 것이 더 중요합니다."라고 이야기합니다. 환경만 조성해주어도 전혀 다를 결과를 얻을 수 있게 있게 되니까요. 쉐도잉, 딕테이션 등의 방법론도 중요하지만 우선 영어와 친해지는 환경을 조성해야 합니다. 친해지는 방법으로는 아리랑 TV를 본다거나 유튜브 영어 채널을 구독하는 방법 등 찾아보면 많습니다. 또한 미국 드라마 시청도 좋은 방법입니다. 영어권 나라의 예능 프로그램이나 드라마는 화려하고 재미있습니다. 돈이 많은 영어권 국가들이다보니 드라마에서도 영화를 보는듯한 스토리와 특수 효과를 볼 수 있습니다. 영어 공부에 또 다른 보너스인 셈이죠.

딱딱한 영어가 아닌 일상의 언어를 놀면서 공부하다 보니 공부가 재미있어집니다. 학습은 억지로 하지 않고 자연스럽게 즐기면서 해야 합니다. 외국인도 안 쓰는 영어가 아닌, 실제 우리가 쓰는 말을 쓰며 재미있게 공부해야 하는 것이죠. 최근에는 넷플릭스 역시 키즈 채널, 성인 채널에 영어 자막 서비스가 도입되어 인기를 끌고 있으니 참고하여 영어 환경을 조성하기를 바랍니다. 여기서 미국 드라마 등을 시청하는 것이 도움이 된다는 이유는 언어 능력 향상뿐만 아니라 문화적 차이나 배경 지식과도 같은 것들을 유용하게 배울 수도 있습니다. 외국의 역사를 자연스레 공부할 수도 있고, 그 나라의 문화, 패션, 상업, 삶을 자연스레 접할 수 있기 때문입니다. 외국의 시트콤과 드라마는 그 나라의 삶을 보여줍니다. 아이들에게 간접적인 어학연수의 효과가 생기는 것이죠. 다른 문화권의 생각을 이해하고, 다양한 문화의 확장성 등을 배울 수 있습니다.

어학 실력을 빨리 향상 시키고자 한다면 해당 국가 사람을 친구로 사귀면 가장 빠릅니다. 앉아서 학문적으로 암기하고 듣고 있기보다는 실제로 서툴지만 직접 대화를 해봐야 실력이 향상됩니다. 우리나라에서도 외국인 유학생 교류 모임, 봉사 모임, 대학교 어학원, 외국인 봉사 모임, 외국인 봉사센터 등과 같은 대안이 있습니다. 외국인 친구 만들기 클럽, 지자체에서 운영하는 외국인 모임에 적극 찾아가 보시기 바랍니다. 인맥을 동원해서 외국인과 식사 자리에 자녀들을 자주 데리고 가기 바랍니다. 익숙해져야 열립니다.

대한민국에서 성공하려면 외국과 친해지고 외국어를 잘하면 좋습니다. 대기업에 취업하거나 공무원이 되기 위해서든 큰 부자가 되기 위해서든 외국과 친해지는 것은 필수가 되고 있습니다. 창업을 해서도 외국을 벤치마킹하고, 외국과 무역하는 것은 당연한 부자의 성공 방법입니다. 가령 부자들은 외국에서 핫한 아이템과 콘텐츠를 가져옵니다. 중국의 이우 시장과 광저우 시장에서 아이템을 찾아 국내 오픈마켓에 파는 도매 유통 부자는 외국에 대한 관심이 많았기 때문에 부자가 된 것입니다.

기회는 아직 남아 있기 때문에 지금부터라도 외국 문화에 대한 인식을 다르게 하고 현지로 나가 배워보는 것도 필요합니다. '나도 후천적인 부자가 될 수 있겠구나'라는 마음이 생길 것입니다. 외국어, 외국 문물, 외국 문화와 친해지게 만드는 것이 포인트입니다. 외국과 익숙한 상태는 그 어떤 무기보다 부자가 될 수 있는 강력한 무기가 되는 셈입니다.

화술 부자 :
말만 잘해도 돈과 사람을 끌어올 수 있다

"저 사람 진짜 말 잘하네. 말로는 도대체 당해낼 수가 없겠는 걸."

"어쩜 그렇게 말을 조리 있게 잘하세요?"

말만 잘해도 사회에서 성공합니다. 말만 잘해도 계약이 성사되고, 인센티브가 지급이 됩니다. 말을 조리 있게 잘하면 신뢰가 생깁니다. 또한 말을 예쁘게 하면 조직에서 사랑받고 인간관계도 매끄러워집니다. 말을 잘하니 채용이 되었고, 창업 지원금 1억 원을 받았습니다. 말은 돈을 부르고 사람을 살리는 매우 유리한 도구입니다.

학교 현장에서 중점을 두는 것은 토론과 발표입니다. 경영, 창업, 진로 체험에서 토론과 조별 발표회를 꼭 갖도록 합니다. 성인이 되어 취업을 하기 위해서는 발표 능력을 꼭 갖춰야 합니다. 대통령, 정치인, 기업인, 신입사원 모두 말하기 능력은 매우 중요합니다. 화술은 기술이자 성향입니다. 인사이트 있는 청중은 발표자가 자신감이 있는지 이미 알고 있습니다. 그렇기에 자신감을 가지기 위해서는 발언의 기회가 있을 때마다 수시로 연습해야 합니다. 떠들고 토론하는 것이 자연스럽고 설득하는 것이 익숙해야 합니다. 이를 위해서 다양한 사람과 소통하고, 어떻게 하면 상대를 설득할지 고민해보고, 효과적으로 말하는 법을 배워야 합니다. 말하는 방법, 칭찬하는 법, 토론하는 법을 알면 사회생활이 달라지기 때문입니다. 소득의 증대, 분쟁의 해결, 생각의 효과적 전달 등 말을 잘하는 사람은 예나 지금이나 능력 있는 사람으로 칭송받고 돈이 오고가는 현장에서 최고로 대우받게 됩니다.

말을 잘하기 위해서는 생각을 표현하고 자신을 드러내는 환경이 조성되어야 합니다. 건전하게 수다를 떠는 것도 방법 중 하나입니다. 그리고 자신의 장점을 자랑하게 해야 합니다. 전통적 관점의 한국식 겸손에서 글로벌한 겸손의 정의로 확장해야 하는 것입니다. 나의 공로는 분명히 내세우며 동료들과 팀을 언급하는 공동체적 겸손이 필요한 시대인 것입니다.

기업 채용 면접에서도 하나라도 더 자기를 드러내야 하는 경쟁의 시기이며, 바이어를 만나는 설득의 자리에서도 제품의 장점을 하나라도 더 자랑하고 라이벌의 제품군과 비교하여 우위에 있음을 증명해야 합니다. 잘 드러내고, 표현하여 상대방을 내 사람으로 만들어야 하는 것이 결국 세상에서 자신을 빛내는 일입니다.

회사는 학교 공부만 잘하고, 스펙이 그럴싸한 사람이 아닌 회사의 매출을 올려줄 화술 좋은 사람을 더 원합니다. 철저히 자신의 전통적 생각을 버리고 회사와 부자의 입장이 되어 생각해야 합니다. 대인관계가 원만하고, 능수능란한 화술을 보유한 사람, 토론 능력이 좋은 사람, 논리적인 사람, 상대방을 유쾌하게 만드는 사람, 영업과 마케팅 직무에 어울리는 사람이 필요합니다.

사회생활은 나와 기계와의 싸움이 아닙니다. 사람과 함께하며 사람을 상대로 하는 사람 게임입니다. 사람을 상대로 어떻게 말하느냐에 따라 조직에서 버려질 수도 있고 큰 사랑을 받을 수도 있습니다. 소비자 및 구매처와 어떠한 관계를 맺고 어떻게 말을 하느냐에 따라 프로젝트의 성과와 매출 증대가 달라져 받을 수 있는 인센티브가 오르내립니다. 임원진들 앞에서 어떻게 발표를 하느냐에 따라 승진이 1년 앞당겨질 수도 있습니다.

실제로 취업 시장이 가장 큰 분야가 영업직입니다. 영업직은 전문성의 영역보다는 인맥, 성격, 화술, 끈기가 필요한 직군입니다. 경제가 어려울 때에도 그나마 영업직은 많은 채용을 하고 있습니다. 이러한 영업직의 핵심은 바로 화술과 성격입니다. 그렇기에 우리 아이들이 취업에 성공하기 위해 말을 잘하도록 가르쳐야 합니다. 말 한마디로 천 냥 빚을 갚고, 혀로 사람을 살리고 죽일 수 있다는 말은 인생에 있어 매우 중요한 요소입니다.

"말 하나만 잘해도 취업이 되고, 창업에 성공하고, 부자가 되고, 원하는 것을 거의 다 얻을 수 있다. 화술은 노력하면 개선이 되는 최고의 역량이다."

3,000개 이상의 스타트업이 매년 실리콘밸리를 찾아 투자를 희망하지만 그중 5% 정도만이 투자를 받고 있다고 합니다. 벤처캐피탈(VC)들에게 있어 스타트업은 혀로 돈을 빌리러 온 회사, 수천 대의 지나가는 버스일 뿐입니다. 그 버스를 세워 VC를 태우는 것은 말 잘하는 운전사인 화술 부자여야 가능한 것입니다. 실리콘밸리 변호사 출신 패트릭 정은 "겸손은 미덕이 아니다. 1분 남짓의 발표 동안 자신이 왜 굉장한지를 VC에 알려야 한다."라고 강조합니다.

㈜인포마크의 최혁 대표는 소프트뱅크의 손정의 회장을 찾아가

회사를 설명하고, 간절함을 호소하며 투자 유치를 받았습니다. 알리바바의 마윈 회장도 소프트뱅크의 손정의를 찾아가 6분간의 미팅을 통해 200억의 투자 유치를 받았습니다. 설교를 잘하는 종교인은 인기가 많고, 살갑게 이야기하고 친절한 서비스를 해주는 식당은 맛집이 됩니다. 궁금한 것을 물어봐도 따뜻하게 대답을 해주는 의사 역시 인기가 많습니다. 말을 잘하는 사람은 인기가 많아지고, 돈을 많이 벌고 사랑을 많이 받게 되어 있습니다.

말을 잘하기 위해서는 대화에 익숙해지게 만드는 것이 중요합니다. 유대인 부모들은 식탁에서 학교 선생님께 어떤 질문을 했는지 꼭 물어본다고 합니다. 12세가 되면 성인이라고 생각하여 여러 종류의 주제를 가지고 대화와 토론을 한다고 합니다. 학교 공부, 성 교육, 정치, 경제, 역사 등 분야가 다양합니다. 우리나라는 시험 대비를 위한 선행학습을 하는 반면, 유대인은 어른 준비, 인생 준비를 선행하고 있는 셈입니다. 자녀를 수다쟁이로 만들어보세요. 곧 아이가 표현력이 풍부해질 것입니다. 자녀는 대화를 통해 부모를 이해하며 자신의 존재를 확인하고 올바른 자아를 형성할 수 있습니다.

말을 잘하기 위해서는 지식이 풍부해야 하며 그 지식이 머릿속에 잘 정리되어 있어야 합니다. 말을 잘한다는 것은 말할 콘텐츠가 다양하고 정보의 깊이가 깊다는 것입니다. 〈150년 하버드 글쓰기 비법〉을 쓴 송숙희 작가는 글 쓸거리, 말할거리만 충분하다면 쓰고 말하는 것은 전혀 문제가 되지 않는다고 강조합니다. 원리를 통달하고 전문성을 보유하고 있다면 술술 나오게 된다는 것이죠. 그것은 기본적으로 배경지식이 풍성하다는 것을 의미합니다. 그런데 우리 아이들은 어린 시절부터 지식의 양이 많을 수가 없습니다. 그렇기 때문에 다양한 활동을 통해 경험을 접하고 그것들을 정리함으로써 말하는 습관을 길러야 합니다. 지식의 양은 시간에 의해 쌓이고 연결되고 융합되어 확장됩니다.

부자가 되고, 부자 아이로 발돋음하기 위해서 자녀를 '말 잘하는 아이'로 만들어주기를 바랍니다. 어른들의 입장에서 한번 생각해보면 입시 공부만큼 '잘 말하기'가 중요하지 않나요? 어쩌면 공부보다 중요한 것이 화술에 있음을 사회생활을 통해 알 것입니다.

말 잘하는 능력 기르기

1. 호감을 높이려면 이미 잘 알고 계실 테지만, 잘하고 계시지만을 써라.
: 상대를 한 단계 위로 보는 느낌을 줄 수 있어 상대방의 기분이 좋아진다.

2. 상대방의 말에 칭찬하고 큰 호응을 하며 대화를 이끌어가라.
: 캬! 이야! 박수치기, 환하게 웃기, 손잡기, 허그
: 이래서 내가 너를 좋아해. 이미 잘하고 있어. 대단하다. 자랑스럽다. 대박!

3. 두괄식, 미괄식 등 구조가 있는 언어 습관을 길러라.
: 결론, 핵심 주장을 먼저 제시하고 근거를 논거하거나 반대로 스토리텔링을 통해 주장한다.

4. 구체적인 사례와 숫자를 제시하면 호감을 가진다.
: 확률, 유력 출처, 순위 등

5. 질문을 적절히 사용하라.
: 이성, 동성, 청중과 소통하기 위해서는 대답이 나올만한 질문을 하며 친해져라.
: 끝은 부드럽게 올려라.

6. 온몸으로 말하라.
: 적당한 제스처는 말의 신뢰도를 높인다.

7. 상대방의 눈을 자주 보고 여유를 갖고 말하라.
: 또박또박하고 소리를 안에서 끄집어낸다는 느낌으로 발성하라.

8. 유쾌하며 생동감 있게 말하라.

9. 일정한 속도로 말하라.

10. 톤 조절, 공기와 소리를 섞어 발성하라.
: 높낮이가 분명한 말, 부드러운 경우와 강경한 경우의 말을 섞어 사용하라.

11. 배에 힘을 주어 약간 큰 소리로 말하라 .
: 당당해 보이고 신뢰감을 줄 수 있다.

12. 다양한 어휘의 사용은 높은 지성으로 연결된다.
: 문학적인 단어, 유려한 단어, 전문적 단어를 사용한다.

13. PPT 발표, 강연회 등에서 떨지 않으려면 한 사람에게 말한다고 생각하라.

03

시크릿 3 :
어릴 때부터 경영을 가르쳐야 부자가 된다

돈 공부 부자 :
부자 부모는 돈의 중요성과 관리법을 일찍 가르친다

"자본주의의 위대함은 우리가 즐기고 노력하면 사회에서 '돈'을 준다는 것에 있다. 돈은 내 노력의 결과물로서 필요한 도구이다. 자본주의를 미워하지 말고 이용하라."

우리는 아이들에게 '경쟁', '부자'라는 단어는 좋은 것이라는 것을 가르쳐줘야 합니다. 물론 대기업의 부도덕한 경영력, 어른들의 부정부패 등도 있지만 '기업, 경쟁, 돈, 부자'라는 단어는 애초에 나쁜 단어가 아님을 가르쳐야 하는 것입니다. 돈을 추구하고, 부자가 되려 하고, 기업을 운영하고 채용되고자 노력하는 사람들이 늘어나야 국가가 성장하기 때문입니다.

부자 부모는 자녀들이 '돈'과 '숫자'와 친해지도록 양육합니다. 돈과 숫자가 세상에서 매우 중요한 요소라는 것을 알기 때문입니다. 사회, 직장, 가정에서 자연스레 돈이 오고가는 모습을 통해 어른들의 세상, 자본주의 속에서 살아가는 방법을 배울 수 있습니다. 세상은 숫자로 이야기합니다. 기업에서는 숫자의 언어인 회계로 이야기를 하며 주식도 숫자로 거래됩니다.

운동선수는 타율, 매트릭스 지표 등 숫자로 연봉 협상을 진행합니다. 입시보다 중요한 것이 숫자, 돈임을 어른들은 알고 있습니다. 그런데 왜 우리나라는 숫자 교육을 하지 않을까요? 석유왕 J.D. 록펠러의 전기를 보면 초등학생 시절부터 금전출납부를 쓰며 일의 대가로 받은 용돈이 기록되어 있습니다. 가령 청소로 3센트, 양탄자 청소로 10센트, 벌레퇴치로 마리당 2센트 등 노동에 대한 대가를 돈으로 교환하며 기입한 것이죠.

부자 아이들은 재무 교육을 어린 시절부터 일찍 배웁니다. 단순히 회계 공부나 용돈을 잘 쓰는 방법을 교육하는 것이 아니라 아이 스스로 돈을 잘 관리하면 넓은 범위에서 돈과 관련된 사람, 기업, 사건에 많은 관심을 가지게 합니다. 즉 부자에 관심을 갖게 되고 사회에 관심을 갖게 되는 것입니다.

부자 부모는 돈을 쓰고 만드는 법을 가르치는 반면, 일반 부모들은 아끼는 법을 가르칩니다. '돈을 벌다'를 영어로 하면 'make money'입니다. 우리나라의 '벌다'라는 개념이 외국에서는 만드는 개념입니다. 단순히 누구를 위해서 버는 행위가 아닌 내가 능동적으로 '만드는' 행위인 것입니다. 그렇기 때문에 외국 부자들은 돈을 만드는 개념으로 처음부터 받아들이며 어떻게 하면 즐겁고 돈을 많이 만들지 공부합니다.

첫째, 돈을 효과적으로 쓰는 방법을 공부시켜야 합니다. 성인들이 돈을 모으지 못하는 가장 큰 원인은 '소비 습관'에 있습니다. 돈 쓰는 습관을 유심히 보면 그 사람의 삶의 자세, 라이프 스타일, 성격, 재테크 성향 등을 알 수 있습니다. 돈에 대한 자세와 철학을 정립하고 철저히 원칙을 고수해야 합니다. 규모에 맞고 계획에 맞는 소비가 필요합니다. 누군가는 1,000만 원의 수입에도 팍팍한 삶을 느낄 수 있고, 누군가는 300만 원의 수입에도 저축까지 하며 행복을 느끼고 살아갑니다. 아껴야 잘 살 수도 있지만, 잘 쓰면서 잘사는 것이 중요한 시대입니다.

물가가 매년 오른다고 힘들어하는 사람이 있습니다. 살기가 어려워졌다는 뜻이겠지만, 사실 물가는 오르는 것이 정상입니다. 물가는 오르되 적정한 기울기로 올라야 하는 것이죠. 결국 올바르게 소비하는 것이 중요한 것입니다. 그것은 삶의 자세와 습관에 달려 있습니다. 과소비가 이어지고 어설픈 투자에 매달려서는 안 됩니다. 가정과 학교에서 소비의 정확한 방향성과 원칙을 제대로 상기시켜주어야 합니다.

둘째, 돈을 모으는 방법을 알아야 합니다. 몇 년 전 비트코인 광풍이 한동안 불었습니다. 재테크로써 옳고 그름을 떠나 광풍이 불었다는 사실에는 변함이 없습니다. 왜 이리 다들 가상화폐, 비트코인 이야기가 화두였을까요? 돈을 벌고 싶기 때문입니다.

최근 젊은 사람들에게 유튜브 재테크 열풍이 불고 있습니다. 구독자, 광고 클릭 수, 영상 길이에 따라 억대의 수입을 파이프라인처럼 쉽게 벌 수 있다고 생각하기 때문입니다. 문제는 깊은 공부를 하며 투자를 하거나 시간에 기대어 투자를 하면 상관이 없지만 대부분이 투기성을 목적으로 하는 투자를 한다는 것에 있습니다. 왜 이런 일이 벌어질까요? 돈을 모으는 기초 공부를 하지 않았고 돈 자체를 향한 결과만을 먼저 생각하기 때문입니다.

아이들에게 돈을 모으는 방법을 가르치는 것은 아이들의 미래에 큰 영향을 미칩니다. 몇몇 어른들은 돈이 삶에서 중요한 것이지만 돈을 아이들에게 가르쳐서는 안 된다고 합니다. 지금은 입시를 해야 하고 돈은 나중에 생각하면 된다는 식이죠. 여기에 돈 이야기를 꺼내는 순간 속물이라고 생각하고 잘못된 것을 가르친다고 생각하는 경우도 있습니다. 돈을 추구하는 삶이 틀렸고 숭고하지 못한 삶이라고 생각하기도 하는데 철저하게 잘못된 생각입니다.

대부분의 어른들이 돈 때문에 힘들어하고, 돈을 벌기 위해서 살아가고, 가정을 지키기 위해 돈을 벌고 있는데 왜 돈 이야기만 나오면 소극적인 자세가 될까요? 현장 강연에서 돈 이야기, 부자 이야기를 하면 아이들은 눈을 초롱초롱하게 뜹니다. 학부모 강의, 시청 시민 강좌에서 돈 이야기를 하면 어른들은 강의 후에 줄을 서서 상담 요청을 합니다. 여러 직업인이 실제 얼마를 버는지, 연봉과 복리후생은 어떤지 실체적 이야기를 해주면 아이들은 질문을 합니다. 아이와 어른 모두 돈에 관심을 가지는 것은 매우 훌륭한 것입니다.

생각을 바꾸어야 합니다. '돈'은 모두의 니즈인 것입니다. 아이들도 돈을 벌고 싶어 하고 그 돈으로 부모님을 행복하게 해주고 싶어 합니다. 돈은 가족의 생계를 이어가게 하며 아플 때를 대비하여 필요한 수단인 것입니다.

우리나라는 돈 이야기를 하면 금기시하고 조용히시키는 경향이 있습니다. 학생 때는 안 가르치고 숨기다 막상 고교 졸업 이후에는 근로 활동을 하며 '스스로 알아서' 돈 관리를 하라는 식입니다. 너무 무책임하지 않을까요? 이제부터라도 철저하게 반대로 해야 합니다. 돈이 있어야 좋은 일도 할 수 있고, 내 삶을 영위하고, 내 가족을 행복하게 할 수 있음을 가르쳐야 합니다. 돈이 중요함을 제대로 가르쳐야 한다는 말입니다. 기업은 우선 돈을 벌 수 있어야 하며, 프로는 연봉이 중요함을 알려주어야 합니다.

아이가 돈을 버는 방법에 대하여 기록하고 따라하게 하세요. 삶의 곳곳에서 돈을 벌고, 돈을 만드는 사례들을 붙여놓고 자극하여 돈 버는 사실에 익숙해지게 해야 합니다. 아이들과 함께 큰돈을 버는 사람들을 분석하며 그들의 행동을 따라하게 해야 합니다. 어렵지 않습니다. 놀이처럼 하면 됩니다. 더 돈을 벌고 싶게 해야 합니다. 그러면 자연스레 진로가 설정이 되고, 이를 위한 직무 역량이 형성되고 공부를 잘하게 됩니다.

돈을 버는 일이 행복한 일임을 계속 인식시켜야 합니다. 가능하면 돈을 많이 벌고, 꾸준히 잘 버는 방법에 대하여 놀이처럼 훈련시키는 것이 중요합니다. 그래서 그 돈으로 가족과 사회에 어떤 환원을 할지도 생각하게 해야 합니다. 그것이 기업가 정신의 핵심입니다. 돈 없이 기업은 존재할 수 없습니다. 내가 버는 돈이 없다면 가정은 운영될 수 없으며 내수를 움직일 기업이 어려워지면 국가는 어려움에 직면합니다.

자녀가 부자가 되기를 원한다면 재무 공부를 통해 부자가 될 수 있도록 가르치세요. 그래서 신나게 번 돈으로 가족이 행복할 수 있고 그 행복은 지역사회와 세계로까지 이어진다는 것을 인식시키는 것입니다. 그것이 올바른 돈의 사용이며 인성 교육입니다. 진로 교육은 결국 잘 먹고 잘살 수 있는 삶의 방향입니다. 잘 벌어야 잘 먹고, 잘살 수 있습니다. 그러한 본질을 아는 어른은 보통의 공교육 이상으로 돈 공부를 아이에게 전해줍니다. 돈에 대하여 눈을 뜨고 먼저 앞서가는 아이가 더 부자가 될 확률이 높다는 사실을 잊지 마세요.

재테크 부자 :
부자 아이는 근로가 아닌 투자를 통해 후천적 부자가 된다

부모들이 바라는 자녀의 삶은 어떠한가요? 경제적으로 여유가 있으며 하고 싶은 일을 마음껏 하기를 바랄 것입니다. 만일 그러기를 바란다면 당연히 돈을 버는 법, 돈 공부가 충분히 되어야 하지 않을까요? 불행하게도 우리나라의 학교는 경영 교육, 경제 교육, 재무 교육을 해주지 않습니다. 가정에서도 재무 훈련은 거의 이루어지지 않습니다. 뒤에 나올 예정인 용돈 교육조차 제대로 잘 이루어지지 않고 있으니까요. 그저 부모의 절약하는 정신, 저축만을 보고 자랄 뿐 재테크, 재무 관리에 대한 학습은 전혀 이루어지지 않습니다. 그나마 요즘은 재테크를 공부하는 부모들이 늘어나고 있지만 앞으로는 당연한 문화로 확산되어야 할 것입니다. 근로만으로는 부자가 될 수 없고, 한 가지 직업으로는 경제적 자유가 보장되지 않기 때문입니다. 부동산과 주식 그리고 여러 투자가 아이들의 인생에 도움이 되기 때문에 꼭 공부해야 합니다.

국가와 가정에서 재테크 교육, 용돈 교육, 재무 교육이 있지 않으니 피같이 모은 돈, 먹을 것 안 먹어가며 아낀 돈, 효과적으로 관리한 돈을 한 순간의 실수로 날리는 경우가 많이 생깁니다. 보증을 서면 집안이 망한다는 것을 알면서도 '원금 보장! 높은 이자!'라는 유사 수신 행위에 현혹되는 것은 재무 교육이 부족해서 입니다.

돈 관리 방법은 국가와 부모가 가르쳐야 합니다. 투기, 보증, 계약서를 잘 못 쓰고 투자에 실패하는 등 재기불가의 실수를 막아야 합니다. 이는 오랜 시간의 소요, 기회비용 낭비로 이어집니다. 어떤 경우는 돈 때문에 목숨을 잃는 경우도 발생합니다. 돈은 이처럼 무서운 것입니다. 돈의 가치와 목적 등이 세상에 미치는 영향을 분명히 해야 합니다.

여기서 중요한 것은 부모가 분명한 철학과 올바른 방식으로 가르쳐야 합니다. 정답은 없지만 분명한 것은 합리적인 방법의 맥락은 존재한다는 것입니다. 그러므로 부모가 올바른 투자와 재무 관리를 먼저 하는 것이 중요합니다. 자녀들이 사회 진출 전에 충분히 돈에 대한 생각과 정리가 되어 있어야 합니다. 돈을 모으는 것 뿐 아니라 어떻게 쓰는지, 어떻게 불려 나가는지 등 교육이 분명히 되어야 합니다. 돈에 끌려가는 삶이 되지 않고, 돈이 알아서 따라오는 부의 마그넷을 보유해야 하는 것이 핵심입니다.

부자 부모들은 아이들에게 돈을 관리하고 돈이 일하게 하는 법을 미리 가르칩니다. 돈을 위해 일하는 것이 아닌 돈이 일하게 하는 법을 훈련시키는 것이죠. 재테크 과정을 보여주고 함께 함으로써 아이의 독립을 미리 준비시킵니다.

부모로써 왜 자녀가 좋은 대학을 가고 좋은 직장에 가기를 원하나요? 돈과 행복 때문 아닌가요? 내 목숨 같은 아이가 미래에 돈 걱

- 부자는 부의 이동 경로를 계속 주시한다.
- 부자는 베어맨(곰)을 이용하거나, 레버리지(지렛대)로 큰돈을 번다.
- 부자는 시간을 돈으로 생각한다.
- 부자는 돈이 자신을 위해 일하도록 시스템을 만든다.
- 부자는 훈련으로 감각을 발달시켜 돈이 나오는 곳을 안다.
- 부자는 부의 언어, 인사이트, 정보, 사람 등을 수집한다.
- 부자는 부가 대물림되는 것을 알기 때문에 부의 과정을 유산으로 물려준다.
- 부자는 감성적이기보다는 이성적이다.
- 부자는 남들만큼의 노력이 아닌 노력 이상의 노력, 방향이 다른 노력을 한다.

정 없기를 바라는 마음은 모든 부모의 마음입니다. 돈이 없으면 비참하고 자존심 상하고 애통하게 됩니다. 돈은 치사한 수단이 될 때도 있고, 관계마저 끊어버릴 때도 있습니다. 그만큼 냉정한 도구인 셈입니다. 내가 아닌 누가 돈 버는 것은 내 인생에 아무런 도움이 되지 않습니다. 그러므로 부자 부모들처럼 어른들이 노동과 근로에 대한 인식을 바꾸고 재테크에 열정을 품어야 합니다. 부동산, 주식, 오토 창업, 투잡, 쓰리잡 등 최선을 다해서 재테크를 해야 합니다. 그렇게 부모가 거울이 되고 좋은 습관과 역량, 분위기를 자녀들에게 유산으로 물려주어야 합니다.

돈을 빌리는 사람의 언어와 돈을 빌려주는 사람의 언어는 다릅니다. 투자가의 언어와 사업가의 언어 역시 다릅니다. 근로자의 생각과 고용인의 생각도 다릅니다. 기업가처럼 생각해야지 종업원처럼 생각하지 않아야 합니다. 꿈을 작게 갖는 것보다 크게 갖는 것이 좋은 것처럼 돈에 대한 교육, 경영에 대한 교육, 어른이 되었을 때 필요한 교육을 미리 준비시키고 가르쳐야 합니다. 그래야 더 안정적으로 살아갈 확률이 높아지니까요. 돈과 관련된 다름을 인식하고, 부자의 특별함을 느껴야 합니다.

중산층 이상의 유태인 가정은 부모가 어릴 때부터 경제에 관한 밥상머리 교육을 시키기로 유명합니다. 그리고 아이가 18세가 되면 그간 자녀 명의로 늘린 자산을 아이에게 넘겨주며 독립시켜줍니다. 그들은 자녀와 함께 주식 투자를 하거나 부모의 일터에서 경영을 배우고, 온라인 창업을 하며, 부동산 탐방을 합니다. 이러한 과정은 아이들에게 숫자와 돈에 대한 인식뿐 아니라 사람을 상대하는 법, 세상을 현실적으로 살아가는 법, 투자하는 법을 배우게 합니다. 아이에게 '돈' 공부를 하게 함으로써 자연스레 사회성 발달, 정서 발달, 직관력과 돈의 감각 형성에 큰 영향을 끼치는 것입니다.

돈을 밝히면 속물이라 생각하지 말고 돈을 부러워하며 칭찬해야 합니다. '돈이 중요하다'라는 말과 '투자'라는 단어를 많이 사용하는 것만으로도 사고의 체계가 바뀝니다. 속으로는 궁금하고 부러우면서 돈을 벌고 싶은 욕망을 숨기지 말아야 합니다. 부자가 되기 위해 부모는 자녀와 함께 부자가 되기 위한 방법과 수단을 공유하며 함께 해나가기 바랍니다. 이때 공부를 잘할수록 돈을 많이 벌 수 있는 위치와 기회를 얻을 수 있다는 것을 알려줘야 합니다.

아이들은 돈을 일찍 알면 안 되고, 돈 공부를 시키면 안 된다고 하는 경우가 있는데 철저히 반대로 해야 합니다. 바로 부자 부모와 유대인을 꼭 따라해봐야 합니다. 가령 가정에 돈 때문에 어려움이 있다면 그 문제를 속 시원히 알려야 합니다. 연체금, 미납금이 있다면 솔직히 이야기하고 해결해 나아가는 과정을 아이들과 함께 공유하는 것이 좋습니다. 핸드폰 요금, 빚, 가게 경영을 아이들과 조금씩이라도 공유하시며 '돈', '부자'에 대한 목표를 심어주어야 합니다. 더불어 균형적으로 '돈'에 대한 철학적 가치와 인생의 의미를 공부시켜야 합니다. 돈으로 할 수 있는 사회적 가치, 의미 있는 일, 봉사 등을 함께 공부하면 더 좋겠죠.

인터넷에서 '한국 부자 보고'를 검색해보면 평소 부자에 대한 나의 생각과 인식은 어떠한지, 자신이 생각하는 부자의 기준, 부자들의 자산 포트폴리오, 투자 수단 및 노후 준비 등을 엿볼 수 있으며 미래에 유망한 사업 등도 파악할 수 있습니다. 부자에 대하여 들여다보고 따라하고 그들처럼 생각하며 그들의 삶을 복사해야 합니다. 부자가 되기 위해 부자들을 공부해야 하고, 부자들을 쫓아가야 하는 것입니다. 그래야 좋은 습관과 과정, 실제적인 부가 늘어나게 되니까요. 그들이 근로만 해서 부자가 되었는지 사업, 주식, 부동산, 각종 투자를 어떻게 하는지 분석하고 따라해야 합니다. 같은 원리로 '연예인 빌딩 부자', '연예인 부업 대박', '서민 갑부', '창업 매출 대박', '청년 창업 매출 증가' 등의 키워드로 검색해보는 것도 방법입니다. 부에 대한 열망과 호기심에서 변화는 시작되고 행동으로 부의 추월차선에 진입하게 됩니다.

부모가 부자가 되어야 하는 이유는 대한민국에서 한번 승자가 되면 계속 승자가 될 확률이 높기 때문입니다. 가슴 아픈 일이지만 부모의 교육 능력, 부모의 습관과 말투, 경제적 부자 능력이 자녀에게도 대물림되기 때문입니다. 좋은 대학 간판은 그러한 선택의 위치를 선점하기 위함이고, 돈이 많다는 것은 유리한 선택권을 돕습니다. 그러므로 부모는 자녀에게 재산을 물려주거나 그럴 수 없다면 돈의 중요성을 꼭 알려주어야 합니다. 가장 좋은 교육은 '부모'라는 거울을 보고 따라하게 하는 것이기 때문에 부모도 열심히 돈을 만들어야 합니다. 돈이 열리는 돈 나무를 심고, 그로인해 일하지 않아도 자동으로 돈이 나오는 부의 원천을 만들어야 합니다. 인터넷이나 주위 인맥을 이용해서라도 부자가 된 사례를 꼭 접하기를 바랍니다.

후천적 부자 정리

1. 창업 활동
   - 유통, 마케팅, 영업, 파견 사업, 프렌차이즈 창업

2-1. 일반 펀드

: 주식형 펀드(주식 비중 60% 이상), 혼합형 펀드(주식 비중 60% 이하), 채권형 투자(채권 비중 60% 이상), MMF, 파생 상품 펀드, 부동산 펀드, 실물 펀드, 특별 자산 펀드

2-2. 크라우드 펀드

: '와디즈'에 접속하여 아이들에게 익숙한 영화, 음반, 대중문화 등에 투자를 시작하게 하면 좋습니다. 투자한 영화를 같이 보러가기도 하며 영화 산업의 수익을 이해시키고 배급사의 의미 및 독과점 등을 생각하게 하는 것입니다.

3. 주식, 선물, 옵션, 태권, 신탁 – ELS

4. 부동산 및 경매

: 아파트, 상가, 원룸, 오피스텔, 토지 및 임야, 베트남, 미국 등 해외 부동산

5. 환율 투자 : 달러, 유로화, 엔화, 위완화 등

6. 금 투자, 보석 투자, 명품 투자, 예술품 투자

7. 비트코인, 그림, 회원권 투자

8. 신재생에너지 투자

9. SNS 대행, 유튜브 콘텐츠 크리에이터

10. 투잡, 쓰리잡 등

아이들은 소비와 저축하는 법을 배워야 합니다. 하지만 저축을 하는 것만으로는 부자가 될 확률이 적습니다. 저축은 좋은 습관이지만 '부의 증식'에는 종잣돈 이상의 역할을 하지는 않습니다. 결국 투자하거나 사업을 하지 않으면 부자가 되기 어렵다는 뜻입니다.

아이들은 '투자'라는 활동을 통해서 취업과 창업, 자기계발에 필요한 필수 요소를 배울 수 있습니다. 그렇기 때문에 부자 부모들은 아이에게 놀이와 게임에 투자를 하게 합니다. 투자는 부의 축적, 인생의 발전에 있어 매우 중요한 요소입니다.

인터넷에서 부동산, 주식 카페에 꼭 가입해서 부자가 되고자 하는 사람들의 열정을 배우길 바랍니다. 재테크 스터디, 강의, 지역 모임에 수시로 참석하여 부에 대한 열망을 키우는 것만으로 부자가 되는 지름길입니다. 가령 부동산 공부를 한 뒤 일정 수준에 도달하면 누군가에게 강의를 해보기도 하고 블로그 및 유튜브에 자신을 브랜딩화하길 바랍니다. 그리고 아이들과 함께 현장 임장도 다녀보면 좋습니다. 바로 살아있는 교육이 됩니다. 주식 시장만 하더라도 조급해하지만 않으면 승자가 될 수 있습니다. 또한 자녀들 명의로 주식 계좌를 만들어 함께 장기투자를 해보는 것도 좋습니다.

투자에 대해 끊임없이 강조하는 이유는 이 투자의 경험이 대입과 취업에 유리하기 때문입니다. 자기소개서, 면접에서 특별한 경험을 말할 때 학창시절의 뻔한 이야기, 남들과 다르지 않는 입시 이야기 등을 하게 되면 성공 확률이 낮습니다. 하지만 대학과 기업이 원하는 기업가 정신이 충만한 지원자라면 어느 곳에서든 환영받을 수 있는 확률이 높아집니다. 주식 투자를 하게 되면 '기업 분석, 업황 분석, 산업 분석을 하게 되는데 기업의 운영 원리와 산업 생태계를 이해하게 함으로써 어른들보다 깊은 수준에 이르게 됩니다. 일종의 경제 영재가 되는 것입니다. 분석하고 정리하여 산업의 생태계를 이해하게 되면 부자는 물론이거니와 진로에 큰 전진을 이루게 됩니다. 학교에서 활동할 때에도 경제, 경영, 투자 동아리 등의 활동을 꼭 해야 합니다. 학생부종합전형, 자기소개서, 면접에서 어필하게 된다면 가산점을 받게 됩니다. 학교와 가정에서 환경을 조성해주고 부모가 함께 투자하면서 삶에서 '기업'을 이해시켜야 합니다.

돈은 절대 나쁜 것이 아닙니다. 마치 부자는 악인이고, 돈을 추구하면 속물처럼 보이지만 현실은 전혀 그렇지 않습니다. 부자가 되면 인생을 더 주도적으로 살 수 있고 더 유리하게 항해할 수 있습니다. 돈이 인생의 목적은 아니더라도 훌륭한 수단은 될 수 있기 때문에 자녀와 함께 재테크를 하고, 아이들 명의로 주식 투자도 함께 하며 부동산 임장도 다녀보는 것입니다.

용돈 부자 :
부자 부모는 용돈으로 세상을 가르친다

자녀가 건강하고 균형 있는 어른이 되기 위해서는 '돈'에 대한 분명한 기준과 가치, 올바른 태도와 습관을 배워야 합니다. 금융 교육은 아이들의 기업가 정신, 취업, 창업에 매우 중요한 요소입니다. 회사는 이윤을 추구하고 사회를 건강하게 만드는 역할을 합니다. 회사는 이윤을 추구하기 위해 인재를 채용합니다. 그러한 회사의 목적성에 부합하는 인재가 되기 원한다면 이윤에 대한 공부를 미리 시켜야 하는 것입니다. 자녀를 좋은 대학에 보내는 이유는 많은 돈을 벌거나 좋은 직장에 취직하기를 원해서일 것입니다. 대학에서 학문만 배우고 돈에 대하여 무지한 사람이 되기를 원하지는 않을 테니까요.

금융 교육은 돈에 대한 올바른 태도와 습관을 배양하는 교육입니다. 즉 돈을 벌고 만드는 법, 증식하는 법, 소비하는 요령 등을 의미합니다. 이러한 금융 교육의 가장 좋은 방법이 바로 '용돈 교육'입니다. 용돈 교육은 모든 가정에서 할 수 있습니다. 용돈 교육을 통해 성인이 되어서 겪게 될 금융, 취업, 창업의 이해를 자연스레 익힐 수 있습니다. 용돈 교육은 놀이처럼 재미있게 할 수 있으며, 공부가 아닌 체험으로 기억에 잘 남는 효과가 있습니다. 소비를 위한 예산을 미리 세울 수도 있고, 돈의 잘못된 사용으로 인해 발생될 일들을 월간으로 겪을 수 있습니다. 이러한 체험을 통해 성인이 되었을 때의 경제적 어려움을 미리 연습할 수 있으며 어른들이 겪고 있는 부의 증식의 방식을 미리 시작하게 됩니다.

> **용돈 교육을 할 때 고려해야 할 점**
>
> 1. 용돈은 몇 살 때부터 주어야 하는가?
> 2. 용돈은 얼마가 적당한가?
> 3. 의류 구입비는 얼마를 올려주어야 하는가?
> 4. 지금까지 용돈에 포함시키지 않았던 지출 (통신비, 교통비, 모임 회비 등) 중 어떤 것을 용돈에 포함시킬 것인가?
> 5. 아이가 할 만한 일은 없는가?
> 6. 저축 상황, 저축 계획, 저축 목표 : 포기할 것과 시급히 마련해야 할 것은 무엇인가?

부모는 아이에게 무작정 돈을 주어서는 안 됩니다. 돈의 가치를 알 때 주는 것이 효과적이기 때문입니다. 전문가들은 흔히 5~6세가 되면 지폐와 돈의 가치를 구분하며 생각의 소비를 시작한다고 합니다. 이때 중요한 것이 있습니다. 아주 어린 시절부터 '학습화'시키며 용돈 기입장을 쓰게 한다거나, 소비의 토론을 하는 것은 해가 됩니다. 적은 돈을 주면서 돈의 소비에 재미를 붙이게 하되 기간과 양을 잘 통제하며 스스로 하는 소비에 익숙해지도록 해야 합니다. 재미있게 소비를 익히게 하고 느끼게 해야 하는 것입니다. 그리고 개념이 조금이라도 잡힌 후에 '학습화'해야 합니다. 그렇지 않으면 부정적 인식이 먼저 자리 잡기 쉽기 때문입니다.

어른도 돈을 절약할 때보다 쇼핑을 하고 가격을 비교하며 발품을 팔 때 더 즐겁습니다. 마트에서 여러 가지 맛있는 식재료를 사고, 좋아하는 의류, 유명 메이커, 취미 용품을 구입할 때 재미와 행복감을 느끼는 것입니다. 돈은 기본적으로 쓸 때 재미가 있고 가치 있는 것입니다. 그렇기 때문에 아이들이 쓰는 재미를 통해 소비를 위한 '돈의 필요성'을 알아야 합니다. 돈이 있어야 물건을 구입할 수 있음을 인식하고 합리적인 구매, 충동구매 지양, 구매의 선택 등을 가르치는 것이 중요합니다. 물건에 대한 소유욕, 구매욕을 가르치고 자신이 갖고 싶은 물건을 위해 스스로 돈을 모으게 해야 합니다. 스스로의 동기에 의해 형성된 용돈 교육, 소비 교육은 정말 중요합니다.

아이에게 언제부터 용돈 교육을 시작해야 할까요? 워렌 버핏처럼 여섯 살 때부터 시작해야 할까요? 여덟 살 정도가 적기라고 추천하고 싶습니다. 초등학교 입학은 아이들의 첫 사회생활입니다. 걸어서 통학을 하며, 준비물을 문구점에서 스스로 사고, 친구들을 사귈 시기이므로 가장 자연스럽게 용돈이 필요한 시기입니다. 유혹을 못 이겨 다 써버리는 것을 참는 훈련, 가격과 품질의 비교를 통한 현명한 소비를 시작할 적절한 시기인 것입니다. 다만, 전제 조건이 있습니다. 바로 아이와 충분한 대화를 하고 용돈 기입장, 일기 같은 시스템을 만드는 것입니다. 그 전까지는 무상 지급되던 것들을 노동, 성취, 교환 등의 활동을 통해 아이들이 생각하고 움직이게 해야 합니다. 초반에는 협의와 설득이 필요하고 과도기가 필요하기도 합니다.

"네가 원하는 것을 갖기 위해서는 일을 해야 해. 네가 나중에 커서 경제적인 풍요로움을 얻기 위해서는 지금의 훈련이 필요해. 옆집 친구를 보렴. 그 아이는 창업이라는 꿈을 위해 꾸준히 저축을 하고 있잖니."

아이에게 이러한 이상적인 말은 통하지 않습니다. 듣기 좋고, 입에 바른 말은 통하지 않는 법이니까요. 다시 강조하자면 이론을 학습하는 것이 아니라 '놀이'처럼 해야 합니다. 가령, 재료를 같이 구매하러 다니며 근로하는 사람, 배송하는 사람을 보여주는 것이죠. '노동'을 통해 돈을 벌고 물건이 생산됨을 보여주는 것입니다. 즉, 돈을 벌기 위해서 노동을 해야 하며, 노동을 통해 얻은 돈으로 쇼핑을 하는 것을 현장에서 이해시켜야 합니다.

군밤 축제에서 아이들과 군밤을 살 때 아이가 직접 돈을 내도록 하며 그 돈을 거슬러 받고, 노동하여 돈을 버는 사람에게 "감사합니다."라는 인사를 가르치는 것입니다. 프랑스식 '상호존중' 교육을 삶에서 적용하는 것이죠. 그렇게 쇼핑의 방법을 알려주어야 합니다. 먹고 싶은 것을 사먹는 순간을 놀이처럼 해야 하는 것이죠. 말보다는 행동이 더 교육적으로 훌륭하기 때문입니다.

예시는 너무 많습니다. TV 애니메이션을 보고 아이들이 결제 창을 누르게 해야 합니다. 돈의 소중함과 지출을 익숙하게 만드는 것입니다. 가족이 함께 이사 준비를 하며 비싼 집과 저렴한 집을 눈으로 겪어보게 합니다. 좋은 집에 대하여 욕심을 갖게 해야 하는 것입니다. 해외여행을 가더라도 아이들이 직접 환전을 하도록 시켜보고 현지의 햄버거 결제나 핫 플레이스에서 쇼핑도 아이들이 스스로 할 수 있게 해야 합니다.

그런데 아이들에게 용돈을 너무 조금씩 주면 어릴 때부터 인색해지는 삶을 살게 됩니다. 그러나 돈을 조금 여유 있게 주면 돈이 남게 되므로 그 돈을 다시 활용하거나 투자하게 됩니다. 물론 너무 많은 돈을 주어서도 안 됩니다. 필요보다 많은 양의 돈을 공급받게 되면 어른이 되어서도 돈을 버는 것이 쉽다고 생각하게 됩니다. 부모가 아이에게 독서의 중요성을 가르쳐주고 싶어서 "네 용돈 안에서 관심 있는 책을 사서 감상문을 쓰도록 해보자."라고 한다면 아이는 얼마 없는 돈을 쓰기 아까워서 오히려 독서와 멀어질 수가 있습니다. 그렇기에 독서와 같은 비용은 따로 두어야 합니다. 용돈 교육의 본질은 소비, 저축, 투자 자금, 기부에 주안을 둬야 합니다. 용돈을 기간과 항목별로 관리하고 용돈 안에서 투자의 자금으로 활용하도록 해야 합니다. 그렇기 때문에 최소 금액보다 약간 많이 주어서 대한민국 평균 근로자들의 월급처럼 느끼게 해야 합니다. 빠듯한 돈, 약간 남는 돈의 활용을 통해 '돈의 소중함'을 느끼게 하는 것이죠. 어릴 때부터 훈련이 되면 성인이 되어서도 불필요한 지출을 억제하고 수입의 범위 내에서 생활하는 것이 몸에 익히게 됩니다.

다음으로 필요한 것은 바로 '정기적인 지급'입니다. 성인들이 월급을 받는 것과 같은 원리입니다. 매월 같은 날짜에 월급처럼 지급이 되는 것은 재무계획의 수립과 재무 관리 훈련을 시키는데 참 중요합니다. 이 정기적인 지급의 돈은 평소 아이들이 해야 할 의무적인 일에 대한 보상입니다. 방 청소, 식사를 하고 그릇을 주방으로 옮기고, 화장실 휴지가 비면 휴지를 채워 넣는 등 프랑스 및 선진국 아이들처럼 당연한 의무에 대한 용돈입니다. 또한 정기적인 지급은 향후 우리 아이들이 근로자가 아닌 CEO가 되어 임직원 급여를 줄때 책임감 훈련이 될 수도 있습니다. 타인의 월급을 밀리지 않고, 먼저 우선시하는 훈련이 되는 것입니다. 정기적 지급은 상호간의 '신뢰'와 '약속'이란 면에서 좋은 인성 교육이 됩니다. 그리고 용돈을 중간에 차감하면 안 됩니다. 사회에서 월급이 갑자기 삭감되지 않습니다. 아이들이 필요할 때마다 돈을 그냥 주어서도 안 됩니다. 아이가 부모와 세상을 ATM 기기로 인식할 수 있기 때문입니다. 돈이란 것은 무작정 쓰면 줄어들어 정작 필요할 때 못 쓰는 소중한 재화임을 가르쳐야 합니다.

내 아이 용돈 관리로 부자 만들기

1. 용돈을 주되 그것으로 무엇을 할지에 대해 부모의 가계부를 보여주며 가이드라인을 정해주세요.
2. 용돈을 그냥 주면 당연히 받아야 한다는 사고가 생길 수 있으니 의무를 가르쳐주세요.

3. 돈을 많이 만들고, 버는 법에 대하여 이야기하세요.
4. 아이와 함께 투자하며 기업가 정신을 심어주세요.
: 근무 시간의 노동은 급여로 받지만 그 돈으로 투자하면 사업이 될 수 있다.
5. '어떻게' '무엇을'이라는 로직을 많이 알려주세요.
: 내가 어떻게 하면 그것을 얻을 수 있을까?
: 내가 그것을 사기 위해서 '무엇을' 해야 할까?

이러한 세팅이 잘되면 이제 할 일은 기록하는 것입니다. 용돈기입장에 기록하는 것은 훈련의 필수 사항입니다. 성인들에게 강조하는 성공의 요소로써 '정리력'을 강조하는데 바로 용돈기입장 훈련도 같은 맥락입니다. 용돈 기록은 결산하고 정리하는 과정입니다. 원하는 게임기를 사기 위해 무엇을 줄이고, 어디에 투자해야하는지 느끼는 과정입니다. 부모가 아이에게 용돈을 주고 관리하라고 하는 경우는 많은데 제대로 된 '결산, 정리, 관리'는 해주지 않습니다. 아이도 어른처럼 돈이 부족할 수 있습니다. 이 경우에는 돈을 빌려주어도 좋습니다. 어른이 되어서도 빚이 얼마나 무서운지 알게 되기 때문입니다. 하지만 이때에도 꼭 그것을 사기 위해 필요한 돈이어야하지 무작정 빌려주게 되면 오히려 역효과가 나게 됩니다. 돈을 빌려줄 때는 두 가지 방법이 있습니다.

첫째, 융자 형태로 돈을 빌려주는 경우이며 둘째, 노동의 대가로 용돈을 주는 것입니다. 단, 의무적 요소를 상대로 돈을 주어서는 안 됩니다. 방 청소, 이불 정리, 양치 등은 당연히 아이들이 해야 할 습관이며 책무입니다. 이 행위로 추가 용돈을 주게 되면 결국 잘못된 결과를 초래하게 됩니다. 과잉보호는 선진국의 교육과는 거리가 다소 멉니다. 독립심을 심어줘야 하며 주체적인 삶을 살 수 있도록 안내해야 합니다. 아이는 스스로 원하는 것을 갖기 위해서는 다른 사람을 돕는 일을 해야 돈을 만들 수 있는 것을 깨달아야 합니다. 그리고 더 나아가 어떻게 하면 돈을 더 많이 만들고, 효율적으로 벌지 생각할 수 있게 해줘야 하는 것입니다.

추가 용돈 지급으로 찬성하는 것이 있다면 성적이 향상되었을 때입니다. 세상은 성적과 지표로 평가받는 곳이기 때문에 용돈을 더 주어도 무방하다는 생각입니다. 또한 아빠와 함께 주말 플리마켓을 열어 일한 대가로 돈을 벌게 해도 좋고 투자 활동을 열심히 하여 보너스 형식으로 주어도 좋습니다. 또 다른 팁을 드리자면 누군가의 유튜브 강의를 듣고 내용을 그대로 타이핑을 해서 영상 감상문을 작성하게 합니다. 타이핑함으로써 자연스레 좋은 강의를 듣고 내용을 공부하게 되고 돈도 벌게 되는 일석이조 효과이기 때문입니다. 아버지의 명함을 엑셀로 정리를 하거나, PC 정리 등 가족의 할 일을 대신 해주는 것도 용돈을 추가 지급해도 될 일입니다.

빌려준 돈을 회수할 때는 이자도 꼭 받아야 합니다. 그래야 돈을 빌리는 행위가 무서운 일인 것을 알고 동시에 책임감도 배우게 됩니다. 또한 돈을 빌리는 것이 투자의 레버리지로써 충분할 수 있다는 것을 느낄 수도 있습니다. 이 부분은 매우 중요한 내용입니다. 많은 용돈 훈련을 권장하는 기관들이 대출, 빚을 악의 수단으로 생각하고 정의 내리고 있지만 성인들의 세계, 실제로 돈 만드는 사람들의 세계에서 '레버리지'는 매우 중요한 투자의 수단입니다. 때문에 투자를 함에 있어 타인의 돈에 대하여 꼭 생각할 수 있게 해야 합니다. 레버리지가 무조건 부정적인 단어가 아니고 부자의 디딤돌이 될 수도 있음을 가르쳐야 하고, 또한 빌린 돈은 반드시 갚아야 하고, 이자와 금리에 대하여 생각을 하게 합니다.

돈의 의미를 알지 못하면 과소비도 생기게 되고, 저축과 투자 등의 활동에도 영향을 미치게 됩니다. 돈을 벌고 만들기가 쉬운 게 아님을 경험할 수 있게 해야 합니다. 또한 지출을 통제하고 돈을 불리는 방법을 통해 '기업의 원리'와 '일'의 의미를 제대로 배우게 합니다. 추가 수입을 위해 부모님의 일을 돕고 타인을 대신해 노동을 하는 원리를 몸으로 겪게 합니다. 부모의 일을 자연스럽게 도움으로써 경제적 보상은 물론이고 정서적으로까지 부모와 가까워집니다. 부모의 사업을 도우면서 어느새 아이는 철도 들고 어른스러워지기도 합니다. 예산 집행과 효율적 관리를 경험함으로써 추후 창업을 하거나, 취업을 할 때 매우 큰 도움이 됩니다. 회사에서는 이공계 직원들에게 회계와 경영을 배우게 합니다. 돈을 관리하고 회사를 운영한다는 것은 돈을 불리기 이전에 회사의 기초를 다지는 일입니다. 용돈 교육을 통해 아이가 어릴 때부터 부자가 되기 위한 준비를 시켜야 합니다.

일터 부자 :
부자 부모는 자신의 직업과 일터를
최고의 교육 장소로 활용한다

"할아버지의 장사 공간이 저에게 최고의 학교였습니다."

80조 자산가이자 투자의 귀재 워렌 버핏의 이야기입니다. 어린 버핏은 할아버지가 운영하던 식료품 가게를 놀이터처럼 여겼습니다. 그는 할아버지 가게에서 장사, 물건 하역, 영업, 판매 등 모든 일을 놀이처럼 받아들였습니다. 할아버지는 손주와 장사놀이를 재미있게 하며 손주의 호기심을 훈련시켰습니다. 손님의 자동차 번호판 외우기, 잔돈 거슬러주기 등으로 숫자에 익숙해지게 하였으며 때로는 할아버지와 함께 식료품 가게에 있는 껌, 콜라, 땅콩, 팝콘을 길거리, 야구장 등에서 되팔며 '장사 원리'를 깨닫기도 했습니다. 또한 버핏의 아버지의 직업은 주식 대행인이었기 때문에 아버지의 사무실에서도 도표를 만들고 숫자를 외우는 등 자연스레 경제에 눈을 뜨게 되었습니다. 그는 어릴 때부터 혼자서 주가의 등락을 차트로 만들어 놀기도 하는 등 할아버지와 아버지의 일터가 그에게는 최고의 교육 장소가 된 셈입니다.

구글의 창업자인 래리 페이지도 아버지의 직장을 놀이터처럼 활용했습니다. 그의 부모는 공학 석박사 출신으로 자연스레 컴퓨터와 놀게 되는 환경을 조성했습니다. 아버지의 연구실에서 컴퓨터로 놀고, 용어에 익숙해지는 동안 그는 자연스레 컴퓨터 천재가 되었습니다.

부모의 직업과 일터의 환경이 자녀의 인생에 영향을 끼친 것입니다. 아마존의 CEO 제프 베조스는 16세가 될 때까지 매년 할아버지의 텍사스 농장에서 지내며 농장의 모든 일을 몸으로 겪었습니다. 할아버지의 일터에서 장비 수리, 가축 관리, 동물 수술 보조, 장사를 배웠습니다. 그런 할아버지는 손주에게 공구 사용법, 문제 해결 방법을 자연스레 가르쳤습니다. 함께 여행도 다니며 역사, 철학, 세상에 대한 공부를 많이 시켜주었다고 합니다. 자연과 농지라는 공간에서 어른의 역량을 배운 그는 지금 세계 최고의 CEO가 되었습니다.

마이크로소프트의 빌 게이츠도 좋은 사례입니다. 그의 부모는 독서와 스포츠를 중요하게 여겼습니다. 그들은 이를 통해 사고력과 도전 정신, 승부욕을 기를 수 있다고 생각했기 때문입니다. 그래서 어린 빌 게이츠가 스포츠를 자연스럽게 받아들이게 하기 위해 동네의 여러 가족들과 가족 대항으로 매년 올림픽을 개최했다고 합니다. 2인3각 경기 같은 간단한 게임부터 테니스, 수상스키 같은 스포츠 등으로 친목과 유대감을 쌓았습니다. 게임은 경쟁심을 습관화시키기 좋은 도구이기 때문에 카드 게임, 퍼즐 게임과도 같은 놀이로 승부욕을 고취시키기도 했습니다. 또한 그의 어머니는 교사이면서 봉사활동을 중시하는 사람이었는데 그 덕분에 빌 게이츠는 자연스레 봉사활동 현장에 자주 가게 되었습니다. 부모의 봉사 공간이 빌게이츠에게 큰 영향을 미친 것입니다. 이는 훗날 그가 캠페인, 자원봉사, 모금 활동, 기부 활동을 적극적으로 하게 된 계기가 되었습니다.

사람들에게 선망의 대상인 일터만이 최고는 아닙니다. 가르쳐주는 사람이 누구인지, 무엇을 가르치는지가 더 중요합니다. 보통 사람들에게 일터는 그저 근로의 장소일수도 있지만 부자들은 일터를 최고의 교육 장소로 활용하고 있습니다. 외국은 힘든 노동, 기술의 가치가 중요시되므로 인건비가 비싼 편입니다. 그래서 직접 고치는 문화가 자리 잡았습니다. 그래서 가정집 창고나 차고에는 수많은 공구가 있습니다. 스티브 잡스나 빌 게이츠가 차고에서 창업을 시작하게 된 것 역시 자연스러운 환경에 있었기 때문입니다. 바로 무언가를 만들고 부수고 재조립하는 환경이 익숙했기 때문이죠. 부모가 고치고 연구하는 환경 속에서 같이 자란 아이들은 당연히 '메이커' 시대의 기업가로 성장하게 됩니다.

근래 들어 학부모들과 상담을 할 때면 자녀의 인성 교육, 부모 존중 부족, 사회성 부족 등으로 어려움을 이야기하는 경우가 많습니다. 그럴 때마다 자녀에게 부모의 일터, 어른과 함께하는 사회생활을 권유합니다. 아이들 돈 버는 것이 쉽지 않다는 사실을 알게 되면 부모와의 갈등이 자연스럽게 풀리는 경우를 많이 보았기 때문입니다.

"돈을 만드는 현장인 어른들의 공간을 우리 아이들은 매우 즐거워한다. 왜 아이들을 어른들의 기준으로 '입시'에만 가두어 두는가? '균형'이 중요하다."

직장이 마땅치 않다면 부모의 쇼핑 공간, 외식 공간을 교육의 장소로 활용할 수도 있습니다. 더 엄밀히 말하면 가계부 내역의 모든 장소가 교육의 장이 될 수 있는 것입니다. 저렴하면서 합리적인 3~4개사의 핸드폰 요금제를 비교하도록 할 수 있으며, 쇼핑하러 가기 전 리스트를 정리하여 충동구매를 막는 훈련을 할 수도 있습니다. 투자를 잘하기 위해서 저렴하게 사는 훈련을 가르칠 수도 있습니다.

아이는 어른이 하는 것을 그대로 따라하게 만들면 어려워합니다. 그래서 반드시 아이가 호기심을 느끼는 분야를 통해 익숙해지도록 만들어야 합니다. 어린이들부터 청년까지 모두 이성, 게임, 화장품, 패션, 연예인에 호기심이 많으므로 이 분야를 공략하며 훈련시키기 바랍니다. 실제로 학교 현장에서 창업 체험, 진로 체험, 강연을 진행할 때 위 소재를 중심으로 가르치는 것도 아이들의 호기심을 자극하기 위함입니다. 어른들의 눈높이와 아이들의 눈높이는 다르다는 것을 알고 아이의 시각에서 바라봐야 합니다. 소통은 같은 곳을 바라볼 때 잘 이루어지는 법입니다.

자녀 교육은 아이가 어릴수록 빨리 시작하는 것이 좋습니다. 점점 취업과 창업을 준비하는 연령이 낮아지고 있습니다. 부자가 되는 나이가 선진국처럼 점점 낮아지고 있는 것입니다. 아이라고 부자가 되지 말라는 법도 없습니다. 자녀의 대입과 취업, 창업에 유리하기 위해서라도 일상과 일터에서 경영 훈련을 시켜야 합니다. 어른 교육의 빠른 출발은 아이들에게 참 좋은 교육입니다. 세상의 이해, 자신이 원하는 삶, 성격과 기질을 바탕으로 하고 싶은 일을 하는 삶, 그것을 위한 돈의 원리와 획득, 재무 교육의 기본 원칙을 이해하고 훈련하면 남들보다 더 나은 진로를 설정할 수 있습니다.

일상이 놀이터다

1. 식탁에서의 실습

① 청구서, 관리비

관리비, 청구서를 자주 이해시킨다. 가정을 함께 꾸려 나가는 것을 이해시킨다. 지출, 수입을 이해시킨다. 자연스런 절약과 생활비를 이해시킨다.

② 가계비용

가정이 유지되기 위해 얼마나 많은 것들이 필요한지 교육한다.

: 일주일치 식단 비용을 계획한다.

: 아이들이 직접 식단을 짜게 한다.

: 쇼핑 목록을 갖고 가격을 비교해 본다.

: 부모의 가계부를 같이 기입하게 한다.

: 음식 준비를 돕게 한다.

: 과정을 재검하고 응용한다.

③ 주택융자금 : 은행이 어떻게 돈을 벌고 있으며 대출의 의미를 가르쳐준다.

④ 신용카드 청구서 : 신용 카드 원리를 가르쳐준다.

⑤ 아이들도 같이 적어보게 한다.

2. 슈퍼마켓에서의 실습

- 기업을 이해하게 한다.
- 제품을 만들고 기획하는 입장이 되도록 한다. 그리고 어떻게 하면 잘 팔릴

것인가를 고민한다.

- 유통을 이해할 수 있게 한다.
- 1+1 마케팅이 왜 구매를 자극하는지 생각해 볼 수 있게 한다.
- 슈퍼의 제품을 보고 제조원, 판매원을 정리해 본다.

3. 부모의 증권, 부동산 공부를 같이 하라

- 돈의 흐름을 읽는다.
- 부동산 공부와 재테크의 중요성을 안다.
- 자본가들의 생리를 안다.
- 사람들의 심리를 설명한다.

4. 아파트, 주택 단지 실습

- 동네 가게를 돌아보며 월세를 파악한다.
- 맛집을 분석한다.
- 가격을 분석하며 장점과 단점을 파악한다.
- 상권 분석을 철저히 한다.
- 왜 실패하는지 그 원인을 찾아본다.

5. TV 프로그램

- 서민 갑부 회사 찾아보기
- 극한 직업 회사 찾아보기
- 예능 프로그램 기획 놀이
- 음악 방송 PD 놀이
- 뷰티쇼 따라하기
- 요리 방송 따라하기

6. 가족 체험을 활성화하라

- 가족이 함께 공모전에 도전한다.

- 입시, 진학, 진로에 도움이 될 만한 체험을 한다.
- 자연과 세상을 이해하는 체험을 자주한다.
- 봉사와 기부를 통해 인성 교육을 시작한다.
- 운동, 예술을 같이 하며 창의성을 발달시킨다.
- 도서관으로 가족 피크닉을 자주 자주 간다.
- 종교 시설 또는 자연이 있는 곳에 방문한다. (주기적인 외부 방문은 심리적 환기 효과가 된다.)
- 국내외 관광이 아닌 체험 여행을 한다. 주제가 있는 자녀 주도적 여행을 계획한다.
- 취미 동호회 활동을 한다.
- 외국인과 친해질 기회를 만들어야 한다.

창업 부자 :
부자 아이는 창업 활동을 통해 기업가 정신을 배운다

기업가 정신이 몇 년 전부터 한국에 유행하고 있습니다. 유행이라고 쓰는 이유는 기업가의 책무가 한쪽에 치우쳐 붐처럼 확산되었기 때문입니다. 기업가 정신이란, 이윤을 추구하여 이익을 내면서 한편으로는 사회적 책임을 다하는 것입니다. 이익 추구가 중심이 되며 한편으로 사회적 책임을 다하는 것입니다. 사람들은 듣기 좋고, 마음이 따뜻해지는 기업의 경영에 관심이 많지만 분명한 것은 기업은 이윤을 추구하며 돈을 만드는 것이 본질인 집단입니다. 임직원들의 가족을 책임져야 하며 관계 회사에 적합한 계약금과 급여를 주어야 합니다. 자본주의 속에서 기업가 정신의 핵심은 이러한 이익의 생성과 사회적 책무의 균형성에서 출발합니다. 그렇기에 아이들에게 돈을 만들 수 있는 능력을 심어주어서 사회적 책임을 다 할 수 있는 배경을 만들어 주는 것이 중요합니다.

콜럼버스는 그 시대의 개척자이며, 항해자, 독립적인 여행가였습니다. 하지만 다른 의미에서 그는 벤처 사업가이기도 했습니다. 여왕에게 찾아가 사업계획서로 자신의 항해를 설명하여 귀족들에게까지 투자를 이끌어내었으니까요. 그는 자신의 항해가 어떠한 가치를 가지고 있고, 투자를 하는 당신들에게는 금전적으로 얼마만큼의 이득이 있는지 잘 설명했습니다. 그 투자금 덕분에 신대륙이라 불리는 '아메리카'를 발견할 수 있었습니다. 즉 이 탐험을 가능하도록 해준 것은 금전적인 지원인 셈이었습니다.

줄곧 창업 활동을 강조하는 이유는 첫째, 이 활동이 아이들의 대입에 도움이 되기 때문입니다. A 학생의 경우 저의 강의를 듣고 부모님과 함께 N 쇼핑에 입점하여 직접 농산물을 올리기도 하고 도매로 물건을 가져와 수백만 원의 매출을 올렸습니다. 그 과정 가운데 디자인, 특허, 경영 용어, 마케팅 관련 어려움 등을 대학 입시에서 글로 녹여내고 면접에서 풀어냈습니다. 사업이 성공하고 못하고는 중요한 것이 아닙니다. 대학은 창업 활동 자체를 좋아했고 살아있는 경험을 한 학생을 합격시켰습니다. 이렇듯 아이와 함께 사업자등록증을 만드는 것을 시작으로 적극적으로 활동해보세요. 성공과 실패라는 결과도 중요하지만 과정을 통해 변화가 되고 성장하는 것이 더욱 중요합니다.

둘째, 부모의 어려움을 이해하게 됩니다. 제가 아이들과 창업 교육을 6개월~1년 단위로 하면서 느낀 가장 큰 보람은 아이들이 부모의 고생을 이해하기 시작했다는 점입니다. 돈을 벌고 만드는 것은 쉬운 일이 아닙니다. 창업 프로젝트를 진행하는 동안 아이들은 "선생님! 너무 힘들어요. 돈 나갈 곳이 왜 이렇게 많죠?"라는 질문이 가장 많습니다. 창업 놀이를 하는 동안 어른들의 삶을 이해하며 어른들이 말해주지 않는 현실을 먼저 이해하게 됩니다.

셋째, 아이들의 진로에 큰 도움이 됩니다. 진로는 결국 취업 혹은 창업을 하는 길입니다. 꿈을 실현하고 소질과 적성을 살려서 결국 취업과 창업을 하는 것이니까요. 아이 스스로 창업 활동을 해보게 되면 미래에 겪을 어른의 삶을 예습하게 되는 셈입니다. 문제 해결, 갈등 봉합, 사람을 다루고 듣는 법, 어른으로서 삶을 미리 경험하다 보니 속도 깊어지고 인간관계도 넓어지게 됩니다. 또한 책임감도 커지고, 최선을 다하는 열정도 품게 됩니다. 성공과 실패 사이에서 아이는 더욱 인생의 깊이를 느끼게 되며 회사가 원하는 인재상, 필요한 실무 능력 등을 알게 됩니다. 그에 따른 구직자를 생각하게 되고, 그 사람의 역량을 생각해보게 됩니다. 사람을 겪어보고 다루어보았기 때문에 조직에 적합한 인재, 프로젝트에 용이한 사람을 고를 수 있는 눈을 가지게 됩니다. 실제로 이 점을 알기에 교사 창업 동아리, 학생 창업 동아리, 교사 취업 이해 프로젝트 등이 증가하고 있습니다. 필자 역시 교사 수십 명이 모이는 장소에서는 취업, 창업 무료 특강과 더불어 프로젝트를 같이 진행하며 교사들의 역량을 키우는 데 중점을 두고 있습니다.

넷째, 돈에 대한 관심을 갖게 됩니다. 회사는 돈이라는 이윤 추구를 큰 목적으로 운영됩니다. 아이들이 돈이라는 수단을 통해 회사와 사람, 사회를 이해하게 됩니다. 돈을 벌고 싶고 만들고 싶어 할수록 세상의 원리, 어른들의 원리를 빨리 이해하게 됩니다. 공부를 못하는 아이들은 단지 공부머리가 없을 뿐이지 돈에 대한 관심, 어른들의 세상에 대한 관심은 이미 무궁무진합니다. 창업 활동을 통해 돈에 관심을 가지고, 세상의 원리에 호기심을 가지는 것은 매우 바람직한 현상입니다. 요즘같이 불경기에 고교 졸업 이후 시간 낭비 안 하고 편의점주, 목공예 CEO, 인테리어 전문가, 농부가 되는 것은 어찌 보면 복일 수 있기 때문입니다.

미국과 유럽에서는 이미 국가 주도로 청소년 기업가 경진대회, 민간의 창업 교육 지원 협조 등이 활성화되어 있습니다. 우리나라의 경우 아이들에게 창업 교육이 활성화되고 있지만 다소 딱딱한 주제, 사회적 기업 교육, 대학생들도 어려워하는 창업 교육을 아이들에게 접목시키다 보니 다소 어려워하고 있습니다. 분명 필요한 영역과 역할이지만 그보다는 아이들에게 '놀이'로써 창업을 가까이 하도록 유도해야 합니다. 제가 학교 현장에서 PBL 교육, 실리콘벨리의 창업 형태를 그대로 적용시키는 것은 다 이유가 있습니다. 대기업 재직 시절 배운 내용을 쉽게 변형하여 가르치니 반 전체가 모두 즐거워했기 때문입니다. 아이들이 좋아하는 콘텐츠, 친숙한 기업을 중심으로 실전을 재미있게 가르치니 창업과 가까워지고 달란트를 발견하는 것입니다.

가정과 학교에서는 킨텍스, 코엑스의 다양한 박람회, 전시회, 채용 창업박람회도 자주 다니기를 바랍니다. 살아있는 동기부여의 장소이자 경험 놀이터가 될 수 있습니다. 많은 사람들의 북적거림 속에서 그들의 욕심과 열정, 간절함을 느끼시기 바랍니다.

취업과 창업이 어렵지만 저와 같이 비즈니스 인사이트를 가진 사람들에게 지금 시대는 현대판 봉이 김선달이 될 수 있는 큰 기회입니다. 플랫폼 사업, 네트워킹 사업, 스팀 융합 사업, 기술 사업 등 수십 수백억 부자가 될 기회가 여전히 넘쳐나고 있습니다. 오히려 예전보다 부자가 될 기회가 증가하고 있습니다. 기회는 열려 있고, 눈이 열린 사람에게는 보이기 때문입니다. 우리 아이들에게 이 인사이트를 갖게 해야 합니다. 학교에서 배우는 과목만이 인생의 정답이 아닙니다. 어른들이 사회에서 공부하는 것을 아이들에게 훈련시켜야 합니다. 기계와의 싸움에서 사람의 통찰력과 직관력이 결국 인생의 방향을 결정할 것이기 때문입니다.

기업가 정신을 갖게 하는 가장 좋은 방법은 아이들이 인터넷에서 쉽게 접하는 아이템의 판매 회사 분석, 경영자 분석입니다. 이 방법이 좋은 이유는 '현대판 위인 전기 독서법'이 되기 때문으로 친숙한 아이템을 가지고 이해를 할 수 있어서 아이들이 좋아합니다. 다음은 흥미를 가지고 꼭 찾아보게 할 미션 리스트입니다.

- 돼지코팩을 만든 사람은 누구이고 얼마를 벌었을까?
- 다이나믹듀, 크러쉬가 속해 있는 아메바 컬처의 대주주는 누구일까?
- 박재범, 그레이가 속해 있는 AOMG의 대주주는 누구이며 1년 매출은 어떻게 될까?
- 저가 항공사로 유명한 티웨이 항공의 대주주는 누구일까?
- 다음 제품들을 모두 판매하는 회사 이름은 무엇일까? 아데스, 미닛메이드, 씨그램, 코카콜라, 파워웨이드, 토레타, 조지아, 암바사

- 다음 채널들을 모두 운영하는 회사 이름은 무엇일까? tvN, OCN, 엠넷, 올리브, XTM, 온스타일
- 우리가 쓰는 화장품의 판매원과 제조원이 다른 이유는?
- 솜사탕 장사의 마진율은 얼마일까?
- 솜사탕 장사가 돈을 벌까? 솜사탕 만들도록 기계를 프렌차이즈 하는 사람이 많이 벌까?
- 금을 캐는 사람이 돈을 벌까? 금을 캐도록 청바지와 장비를 파는 사람이 많이 벌까?
- 라면 매출액 top5, 과자 매출액 top5 ?
- 한국경제신문의 최대주주는 어디일까? 왜 그들은 최대주주가 되려 할까?
- 서울랜드의 최대주주는 어디일까? 왜 그들은 최대주주가 되었을까?
- 티웨이항공, 제주항공, 진에어의 최대주주는 누구일까?
- 사람인, 잡크루트의 최대주주는 누구일까?
- 키움증권은 게티이미지뱅크, 한국정보인증을 왜 운영할까?
- 메가박스 영화관의 주인은 어디일까?

- 삼거리푸줏간에 가서 식사를 해보고 YG엔터테인먼트는 왜 식당 사업을 시작했을까?
- 빅히트 엔터테인먼트는 1년에 얼마를 벌고 있을까?
- 네이버 팜에서 '옥수수, 사과, 즙, 홍삼, 배추 등'을 검색하고 리뷰 수 검색하고 매출 추산하기
- 축제 현장에 가서 돈 버느라 정신없는 사람 보며 매출 예상해보기
- 각 시/군마다 가장 큰 카페나 식당에 가서 매출 예상해보기

아이는 창업 활동의 중요성을 분명히 알아야 합니다. 그리고 기업가 정신의 두 개의 축이 기업의 이윤 추구와 사회 환원임을 정확히 알고 있어야 하며 사회 환원을 하기 위해서는 우선 기업이 돈을 벌 수 있어야 하는 것도 알아야 합니다. 기업의 경영자와 임직원들이 숫자와 경제에 감각이 있어야 합니다. 대입에도 유리하고 취업에도 유리한 이 창업활동을 꼭 장려해서 아이들이 잘 먹고 살 수 있게 해주어야 합니다.

창업 활동을 무료로 지원받을 수 있는 방법이 있는데 '기업마당'에 들어가서 뉴스레터를 신청하기를 바랍니다. 무료 창업 지원에 관한 뉴스레터가 매일 발송됩니다. 부모님 이름으로 수천만 원의 지원금을 지자체 및 정부 기관에서 공짜로 받을 수도 있으며, 수백만 원의 지원금을 받아 학교 동아리 형태로 프로젝트를 진행할 수도 있습니다. 말 그대로 공짜입니다. 어떤 돈은 저금리로 받기도 하지만 적게는 1,000만 원부터 2억까지 공짜로 창업 지원금을 주는 곳이 많습니

다. 대한민국 모든 곳에서 기회의 돈이 하늘에서 내리고 있습니다. 내가 잃을 것은 시간뿐이고, 얻을 수 있는 것은 스펙, 경험, 가족과의 추억, 큰돈인데 이래도 안 하겠습니까?

창업을 할 때 참고할 수 있는 기관 및 사이트

- 중소기업청, 문화체육관광부, 교육부, 특허청, 미래창조과학부, 농림축산식품부
- 지자체(시,군,구) 창업지원팀 전화나 이메일 문의하여 정보 얻기
- 케이스타트업 – 창업 정보, 지원금 매일 공지, 지원사업 매일 업로드
- 농업기술실용화재단 – 청년 지원, 농가 지원, 농식품 창업, 농업 벤처창업 지원
- 온오프믹스 – 모임, 교육 큐레이션 서비스 접속하여 관심 강의 가족이 함께 찾아가기
- 청소년창업경진대회, 비즈쿨캠프, 포스텍 영재 기업인 캠프, 카이스트 IP CEO 캠프

〈학교〉

- 비즈쿨 동아리 활동
- 경제, 경영 동아리 조직 및 운영 : 학종 및 자기소개서, 면접에 적용
- 플리마켓, 학교 축제 셀러, 창업 공모전 도전

〈가정〉

- 사업자 등록하기 (부모와 함께 창업 활동)
  : 크몽 등록, 컨설팅 사업, 강의사업, 네트워킹 사업, 리패키징 사업, 대행 사업, 플랫폼 사업(애플리케이션 개발, 하객 대행, 기획서 대행, 커뮤니티 운영, 보험 판매, 독서법 특강, 농업 코치)

〈온라인 창업 활동〉

- 네이버스토어팜, 카카오스토어, 당근마켓, 번개장터 등록

- SNS (인스타, 네이버 블로그)
- PPT, Hwp/Word를 활용한 제안서 및 기획서 작성 연습
- 망고보드, 게티이미지뱅크 활용한 디자인 작업 연습

〈유튜브 개인 계정 운영〉

- 소프트웨어(PSD, AI, 베가스프로, 프리미어 등) 운영

〈오프라인 창업, 경영 시뮬레이션 놀이〉

- 지역 내 공유 경제, 사업체 방문(공유 사무실, 숙박, 차량, 주거, 주방, 주방 등)
- 우리 동네 상권 분석 (월세 분석, 원가와 단가 분석, 회전율 분석)
- 지역 핫플레이스 방문 (돈이 몰리고 사람이 모이는 곳을 방문)
- 서민 갑부, 대박 맛집 찾아가 매출 맞히기 놀이
- 서울 도매시장 방문, 전통시장 방문
- 온라인에서 알리바바, 도매꾹, 원재료 공장 검색하여 최저가 찾기
- 무인자동화 공간 방문 (노래방, 세탁소, 독서실, 스터디카페 등)

04

시크릿 4 : 부자 부모는 환경을 만들고 통제하여 아이를 인재로 키운다

칭찬 부자 : 부자 부모는 칭찬의 힘을 믿는다

잉글랜드 EPL 프리미어리그에 2015년~2016년에 전무후무한 사건이 생겼습니다. 바로 전 시즌 강등권을 헤매던 팀이 다음 시즌에서 우승을 차지한 것이죠. 바로 '레스터 시티'의 기적입니다. 강등권을 겨우 탈출한 팀이 다음 시즌에 우승을 차지한 것은 근대 축구 역사에서 전무후무한 일입니다. 당시 라니에리 감독은 우승의 핵심을 전술 그리고 동기부여와 칭찬이라고 했습니다. 선수들은 감독에게 칭찬을 받고, 팬들에게 인정을 받기 시작하자 자신감이 생기고 경기를 통해 성취감도 맛보았습니다.

성인이나 아이들에게 제일 중요한 것은 인정받는 것입니다. 영재교육원과 각종 캠프 현장에서 느끼는 많은 아이들은 자신이 만든 것을 누군가 알아주는 것만으로 행복을 느끼고 있습니다. 아이들은 칭찬을 바라고 실력을 인정받는 것으로 자존감을 상승시키고 발전시킵니다.

스포츠에서도 심판의 본질적 업무는 선수에 패널티를 주는 것이 아니라 경기를 원활하게 이끌고 도와주는 것에 있습니다. 선수들이 최상의 경기력을 펼칠 수 있도록 운영하면서 선수들을 거친 플레이로부터 보호한다는 의미를 포함하고 있는 것이죠. 반칙을 포함한 거친 플레이를 단호하게 처리하지 않으면 부상으로부터 보호하기 어렵고 결과적으로 경기의 질은 하락할 수밖에 없습니다. 부모의 역할 역시 마찬가지입니다. 아이들이 최상의 경기력을 펼칠 수 있도록 양육해야 합니다. 아이들이 잘 뛰어 놀고 창의성을 잘 발휘하면서 공부를 잘할 수 있도록 운동장 잔디 관리를 해주어야 하고, 때론 응원단처럼 응원도 하며 심판처럼 보호도 해야 합니다.

아이들을 부자로 만들지 못하는 가장 큰 벽이 무엇일까요? 바로 부모의 태도와 언어입니다. 부모의 칭찬과 응원은 아이에게 신뢰를 의미합니다. 그런데 대부분의 부모들은 자녀에게 무관심하며 말을 거칠고 부정적으로 할 때가 많습니다. 시험 장소는 성적을 겨루는 전쟁터입니다. 전투에서 자신감은 승리로 직결됩니다. 자신감은 대범함을 표출하고, 섬세함도 창출할 수 있으며 여유를 가져다주기도 합니다. 학교에서의 시험, 실기, 예체능, 사회생활 모두 자신감이 있어야 합니다. 움츠러든 자세는 경기 시작과 함께 패배로 연결됩니다. 이때의 경험이 상처가 되어 평생의 흉터가 되기도 합니다.

학교 안에서 자신감의 영향을 생각해보겠습니다. 장학금을 받거나 좋은 성적을 받은 학생은 그것을 유지하기 위해 더 열심히 하게 됩니다. 한 번 경험했기 때문에 그 경험이 자신감이 되며 성취의 최소 마지노선이 되는 것입니다. 몇 년 전 추신수 선수의 시즌 초중반 타율은 0.096까지 내려갔습니다. 그는 일천억 원의 넘는 돈을 받는 선수입니다. 0.0096의 타율이 결국 2할 7푼까지 타율이 올라와 시즌을 마감했습니다. 2002년 대한민국에는 역사상 최고의 화합인 월드컵 4강 신화가 일어났습니다. 성공 원인은 훈련과 자신감입니다.

히딩크 감독은 월드컵을 앞두고 강호들과 연이어 평가전을 치렀고 그 평가전에서 잉글랜드와 프랑스를 꺾으며 자신감을 얻었습니다. 전쟁 전에 기선 제압은 아주 중요한 일입니다. 선수들은 첫 게임인 폴란드를 승리하며 평가전의 기세를 이어나갔고 이는 황선홍 선수의 말대로 "유럽 팀과도 해볼 만하다."라는 자신감으로 이어졌습니다.

"너는 누구를 닮아서 이렇게 공부를 못하니?"

"뭘 잘했다고 울어, 반성해! 이를 악 물고 해봐."

"밖에 나가면 천 원짜리 한 장 벌기가 쉬운 줄 아니. 공부가 훨씬 더 쉬워."

"네 친구는 잘만 하던데 너는 왜 이것밖에 못하니?"

공부 조금 못한다고 이렇게 아이를 혼내고 있지는 않나요? 공부 잘하면 여전히 사회에서 유리하기는 하지만 공부만으로 성공하는 시대는 이제 점점 저물고 있다는 사실을 잊으면 안 됩니다. 부모들이 바뀌어야 합니다. 아직도 60~70년대 사고로 우리 아이들을 훈육하면 안 됩니다. 공부 말고 다른 것을 할 때도 실수할 수도 있고 실패할 수도 있는데 어찌 그리 몰아붙이고 사기를 꺾고 있는지 현장에서 상담을 하다보면 참 가슴 아플 때가 많습니다. 어른들도 사회생활을 할 때 원하는 결과가 안 나올 때가 많지 않나요? 아이들에게 "할 수 있어. 다시 하면 돼. 좋은 걸 배웠구나."라는 말로 자신감과 용기를 북돋아줘야 합니다.

말은 생명력이 있고 혀는 사람을 살리고 죽이는 무서운 무기입니다. 부모가 칭찬하고 기대하면 아이들은 또 다른 기회를 얻게 됩니다. 학교 성적도 중요하지만 공부 못한다고 세상이 무너지지 않습니다. 오히려 공부를 못했지만 돈을 잘 버는 사람들도 많습니다. 아이들의 기를 죽이지 말고 늘 생명력 있는 언어와 분위기로 환경을 조성해야 합니다.

아 '아' 다르고 '어' 다르다 어
: 말투 하나만 바뀌어도 관계가 바뀐다.

만일 갓난아이가 걸음을 연습할 때 잘 걷지 못하면 어떻게 하나요? 아기에게 왜 못 걷냐고 윽박을 지르나요? 대부분의 사람들은 넘어지는 그 모습조차도 사랑스러워하며 걸을 수 있도록 도와줍니다. 부모는 아이가 태어나면서부터 첫걸음, 옹알이 등 새로운 것을 시도할 때마다 기록으로 남겨 기쁨을 공유합니다. 마찬가지로 아이들이 아무리 부족하더라도 부모는 자녀를 믿어주고 스트레스로부터 자유롭게 해야 합니다. 물론 적당한 질책은 필요할지 모릅니다. 하지만 본질적으로 가치와 철학, 방법론을 점검하며 내 아이가 자신의 장점을 살려 부자 아이가 되도록 시간을 투자할 필요성이 있습니다.

"엄마, 나 서울대 갈거야!"

"웃기는 소리하고 있네. 네가 00대나 가면 다행이다."

"아빠! 나 왜 성적이 안 나올까?"

"아빠가 공부했던 것처럼만 공부하면 되는데 넌 안 하잖아!"

"엄마 나 공부하기 싫어."

"엉뚱한 소리 하지 말고 그럴 시간에 한 글자라도 더 외워."

말은 아 다르고 어 다릅니다. 어떻게 이야기하느냐에 따라 반응이 다른 체계를 가지고 있습니다. 부자 부모들은 아이들이 듣기 좋게 이야기합니다. 칭찬과 격려를 해줍니다. 자존감을 높여주며 자신감을 심어줍니다. 아이들의 지적 능력, 이성공감 능력은 성인과 다르기 때문에 부모는 인내심을 가지고 기다려야 합니다.

대부분의 부모들이 아이들을 자신들의 수준으로 동일시하여 잔소리를 하는 경우가 많습니다. 아이들과의 수준 차이를 인식하지 못하였기 때문으로 차이가 있다면 '보정'을 하는 것이 맞습니다. 또한 '매개체'를 연결하여 부드럽게 하는 것이 좋습니다. 부자 부모는 이러함을 이미 알고 있기 때문에 기술적으로 말을 합니다.

"우리 아들 할 수 있어, 서울대 충분히 갈수 있어."

"공부 못해도 돼. 네가 갖고 있는 역량은 지금 사회에서 필요한 것을 갖추고 있으니까 괜찮아. 지금처럼 네 주관만 뚜렷하면 문제없어."

자녀들에게 말하는 방식부터 바꾸어야 합니다. 가령 요리를 하다가 재료가 소진되었을 때 "재료가 떨어졌는데 우리는 뭘 해야 할까?"라고 합니다. 그럼 아이들은 "아, 제가 사올게요.", "아, 제가 찾아볼까요?"라고 합니다. 하지만 보통의 부모님들은 "재료 떨어졌다. 사와라." 그럼 아이들은 "네~" 혹은 "지금?"이라고 합니다. 우리가 주변에서 쉽게 보는 폐쇄형 질문과 대답입니다. 부모의 질문 후에 부자 아이들은 질문의 의도를 이해하려 합니다. 그리고 내가 해야 할 행동을 답변으로 하게 됩니다. 반면 '~해라'라는 폐쇄적인 명령어투는 아이들에게 '생각' 없는 수동적 행동을 유도하는 방법입니다. 열린 질문을 통해 아이들의 생각을 열어야 합니다.

인생에는 여러 번의 기회가 온다고 강의합니다. 주식 시장, 부동산 투자, 승진, 이직, 사람과의 만남에서 기회가 생깁니다. 사업을 하는 사람은 인생에 3번의 기회가 온다는 격언을 잘 알고 있을 것입니다. 그 3번의 기회 때 집중해서 돈을 벌면 평생 벌 돈을 만든다는 말입니다. 우리 아이들이 10대에 좋은 대학 간판의 기회를 놓쳤을지라도 또 다른 기회가 분명 올 것입니다. 그것이 인생이지 않나요? 공부 못한다고 앞으로의 인생까지 똑같이 못하지는 않습니다. 어른들이 아이들의 가능성, 잠재력, 창의성을 가로막는 것입니다. 유아기 때처럼 사랑과 인내로 지켜봐주고 신뢰해야 합니다. 어른이 되어 느낀 인생의 진리를 가르쳐주며 시간을 함께 보내야 합니다.

아이들이 '나도 하면 무엇이든 될 수 있고, 할 수 있구나!'라는 깨달음만 얻게 해주면 대성공입니다. 최선을 다해 완주하고 꾸준히 한다면 결과를 넘어서 훌륭한 자아가 형성됩니다. 그리고 결과에 상관없이 과정에 집중하여 칭찬해주면 됩니다. 부모들은 심리적인 지지를 해주고 격려를 통해 최선, 꾸준함, 노력 등에 대한 습관과 가치를 체화할 수 있도록 해주면 됩니다. 난 할 수 있는 사람이라는 것을 알 수 있게 해주는 것이 중요합니다.

칭찬하는 것에도 방법이 있다

- 스스로 자책하는 것은 때로는 자양분이 되지만 스스로를 옭아매지 않게 격려해주세요.
- 부모 중 한쪽은 칭찬을 해야 균형이 맞습니다.
- 입시가 모든 것이 아닙니다. 입시 하나 때문에 '나는 안 될 사람'이라는 프레임을 스스로 씌우지 않게 해야 합니다. 입시는 부족할지라도 다른 달란트를 보유한 사람임을 깨닫게 해야 합니다. 생각은 행동과 자세로 연결되기 때문입니다.
- 인생의 실전은 몇 번의 기회가 있고 삶의 가치는 많음을 가르쳐주세요.
- 어른의 인생을 알려주며 전인적 교육을 직접해주세요.
- 토론하며 가족이 고민도 나누며 하나가 되어 주세요.
- 칭찬하는 법도 기술이 필요합니다. 관련 서적을 많이 읽고 꼭 연습하세요.
- 아이들은 본인을 위해서, 부모님을 위해서 공부합니다. 부모의 반응이 참 중요합니다.
- 부모님의 칭찬과 고마움을 자녀에게 표현해주세요.
- 언의의 변화는 성장의 생수임을 잊지 마세요. 불평의 언어를 감사의 언어로, 책망의 언어를 격려의 언어로, 지적의 언어에서 이해의 언어로 바꿔주세요.

자존감 부자 :
파산했어도 자존감만 있으면 재기할 수 있다

자녀가 건강하게 태어난 것 자체가 감사이고 존재 자체가 축복입니다. 그 이상은 부모의 욕심일 수 있습니다. 저 역시 첫 아이가 기형

아 검사 판정을 받았을 때 가슴이 철렁했습니다. 2차 검사에서 다행히 이상 없음이 나왔을 때 얼마나 감사했는지 모릅니다. 갈등의 주된 원인은 부모의 바람과 욕심에서 시작됩니다. 아이가 있고 말도 잘하고, 매사에 긍정적이고, 교우관계가 원만하고, 예의 있고 생활력이 있는 것만으로 감사할 일인데 그 이상을 원합니다. 입시만이 인생의 정답이라고 생각하는 분들도 많습니다. 아이들이 태어났을 때 부모는 내 모습을 닮았다는 이유만으로 사랑스럽게 바라보았는데 어느 순간부터 욕심이 커졌습니다. 가족의 단절은 심해지고, 아이를 위해서라는 이름으로 사교육이 시작됩니다.

"내가 너한테 돈을 벌어 오라 그랬니? 공부가 얼마나 편한데 그걸 못하니? 네가 애초에 이렇게만 했었어도 지금 이러지 않잖아!"

부모와 자식은 서로 미안해하면 안 됩니다. 서로 고맙다고 해야 합니다. 특히 아이들에게 미안한 마음을 품게 하면 안 됩니다. 움츠러들게 되면 자존감은 떨어지게 되고, 하고 싶어도 안 되는 일이 많아져 삶이 웅크려지게 됩니다. 죄책감이 들게 해서도 안 됩니다. 부모는 아이에게 말도 듣기 좋게 하고, 이해도 많이 해야 합니다. 앞의 '칭찬 부자'처럼 아이들을 훈육해야 합니다. 충분히 가치 있고, 할 수 있다고 독려해야 합니다. 아이를 바꾸고 싶다면 아이들의 환경을 바꾸는 것이 좋습니다. 아이를 바꾸려 하지 말고 주변 환경과 주변인을 바꾸면 되는 것이지요. 만약 아이의 성격이 강하고 지나치게 비판적이라면 사람들로부터 사랑받기 어렵습니다. 아이를 칭찬하고 독려하고, 위로하고 보듬어주세요. 그러한 자세를 함양하는 것이 사랑받는 지름길이고 원만한 인간관계의 중심이 됩니다.

아이를 잘 양육하기 위해서는 '잘 먹이고, 관심을 가져주고, 사랑을 주면' 됩니다. 입시 교육과 피라미드 성공뿐 아니라 다른 성공 거리는 무궁무진합니다. 사랑의 언어, 칭찬, 가족, 추억, 해외여행 경험으로 다른 차원의 성공을 할 수 있습니다. 이를 통해 자연스럽게 인성, 자기 주도성, 돈 욕심, 일머리 등을 가질 수 있습니다.

부모는 아이의 자존감을 세워주어야 하고, 긴 안목을 갖고 있어야 합니다. 나 자신을 인정하고 남을 의식하지 않으면 그 어떠한 기준에도 자신을 끼워 맞추려고 할 필요는 없습니다. 정형화된 미인의 외모 기준을 벗어나 자신만의 미모관, 인생철학, 친구를 만들게 하는 것이 인생을 유연하게 살게 하는 부자 부모의 방법입니다.

부자 부모와 부자 아이들은 이 '자존감'이 높습니다. '자존감'은 자아 존중감이라는 뜻입니다. 나를 얼마나 사랑하는지, 나 스스로를 얼마나 존경하고 신뢰하는지 바로 그 자존감을 높여주어야 합니다. 자존감이 넘쳐나 할 수 있다는 자신감으로 이어지는 것입니다. 자신의 과거를 뿌듯해하고, 자신의 현재를 사랑합니다. 그리고 자신의 미래를 걱정하지 않습니다. '나 자신을 사랑하는 정도'가 자존감의 깊이입니다. '나 자신을 스스로 신뢰하는 정도'가 자존감의 크기인 것입니다. 나는 나 자신을 얼마나 사랑하고 신뢰하는가? 스스로를 사랑하고 신뢰하고 있다면 그것 하나로 인생은 충분합니다.

자존감을 높이려면 '성취감'을 느끼게 하면 됩니다. '할 수 있는 사람', '이루어본 경험이 있는 사람'으로 만들어주면 됩니다. '성취감'을 쉽게 이해하려면 반대의 뜻을 보면 됩니다. 업적, 공적, 기량, 완주, 수행, 이행, 실행이 성취감이라고 합니다. 우리 아이들이 실행하고, 이행하고, 수행하고, 소양시키고 몸에 익히기만 하면 성취감이 된다는 것입니다. 상을 획득하고, 자격증을 얻고 그럴싸한 타이틀을 얻으면 되는 것이죠. 어떤 일이든 일단 '완주'만 하면 된다는 것입니다. 마라톤 1등을 안 하더라도, 완주만 하면 성취감이 생기게 되는 것과 같은 맥락입니다. 목표를 달성하고, 무언가를 차지하면 그것은 성취감이 됩니다. 그렇기에 아이들에게 입시 공부뿐만 아니라 다양한 경험을 통해 완주하게 하면 됩니다.

실제로 기업 현장에서는 자존감 높은 사람, 성취감이 높은 사람을 원하고 있습니다. 대기업 20곳의 자기소개서, 대학 10곳의 자기소개서를 구해서 살펴보기 바랍니다. 그들이 공통적으로 질문하고 기입하라고 하는 것을 찾아보기 바랍니다. 그들은 모두 경험, 역량, 성취 사례, 자존감의 정도를 체크하고 있습니다. 돈을 벌기 위해 인력을 채용하는 기업이 왜 그것을 원할까요? 성취 경험과 자존감이 회사 업무에 있어 중요함을 그들은 알기 때문입니다.

부모들은 자녀가 공부를 잘할 수 있도록 응원은 하되, 입시가 아니어도 잘살 수 있는 것들을 자주 경험시켜야 합니다. 요리를 좋아할 수도 있고 소설을 좋아해 글을 쓰는 것일 수도 있습니다. 아이는 독립된 인격체입니다. 그래서 부모는 자신의 인생을 투영해서 아이를 대해서도 안 됩니다. 아이들에게 다양한 경험과 체험이라는 역량의 씨앗을 통해 성취감을 심어주어야 합니다. 성취감은 감동이 있고 정리가 되어 있어야 합니다.

강연가를 예로 들어보면 프로 강연가와 아마추어 강연가의 가장 큰 차이가 무엇이라고 생각하나요? 많은 분들이 오해하는 부분이 바로 '내용과 콘텐츠'의 차이라고 합니다. 그러나 감동의 유무와 크기 차이가 프로와 아마추어를 기르게 합니다. 생각해보세요. 학창 시절에 재미없는 교사의 수업을 들으면 어떠하였나요? 아무리 좋은 내용, 훌륭한 텍스트를 보유하고 있더라도 재미, 가슴을 치는 울림, 감동이 없다면 지루하고 강연가로서도 꽝이 됩니다. 시민 강좌, 학부모 강좌에서 내용은 좋지만 지루하고 졸린 말투, 느릿느릿한 행동을 보이면 어떨까요? 다시는 그 지역에는 강연을 못 갑니다. 강연자는 재미와 감동을 선사해야 하고, 청중은 재미와 감동을 통해 내용을 흡수하는 것입니다. '감정선'이 충만한 시간이 넘쳐야 하는 것이죠.

회사 업무가 지루하다면 그것은 감동과 재미가 없어서입니다. 가슴 뛰는 일이 아니어서 그렇습니다. 봉사하러 왔는데 일 하는 느낌이 들 때가 있지 않나요? 재미와 감동이 없기 때문에 멈추게 됩니다. 롤러블레이드를 재미있게 탔던 기억과 성취감이 있는 사람은 얼음판 위에서 스케이트를 타더라도 잘 타게 됩니다. 비슷한 원리를 재미있게 탔었고, 잘 했기에 처음 타더라도 스케이트에 거부감이 없는 것입니다.

외국인이라면 한식을 맛있게 먹어봤기에 일식도 기대감을 가지게 되고, 재미있었던 해외여행 경험이 있다면 해외로 나가는데 거부감이 없게 됩니다. 익숙하기 때문에 두려움 또한 없습니다. 같은 원리로 포토샵을 해본 사람은 일러스트 사용과 적응이 빠르고, 한글프로그램을 잘 쓰는 사람은 워드도 잘 쓰게 됩니다. 구기운동을 잘하는 친구들은 다른 구기운동을 익힘에 있어서도 빠른 적응력과 학습력을 가지게 됩니다. 성취감 있는 경험이 쌓이면 어떤 일이든 쉽게 시작할 수 있고 성공 가능성이 높게 됩니다.

인생 참 깁니다. 몇 번의 기회가 분명 있습니다. 그 기회만 잘 잡으면 됩니다. 가진 것이 없지 않습니다. 작은 목표부터 시작하면 됩니다. 일상의 작은 경험, 어른 경험을 통해 '성취감'을 쌓으면 됩니다. 돈, 경험, 추억 등이 쌓이게 되고 능력이 됩니다. 그렇게 자신이 원하는 분야를 찾게 되고 '성실'을 배우게 되는 것입니다. 성취감을 느끼게 하는 것으로 자존감만큼은 대한민국 국가대표로 만들어주기를 바랍니다.

완주 부자 :
부자 부모는 완주만 하면
최소 3등 안에 드는 것을 알고 있다

습관과 행동의 변화를 위해 강의에서 자주 말하는 차트는 '인식 → 인정 → 목표 → 행동화 → 반복'입니다. 문제를 인식하고 깨달은 사실을 곱씹어 생각하여 솔직히 인정하고 목표를 향해 꾸준히 정진하는 것이죠. 그리고 행동화로 변화를 이끌며 반복하여 습관이 되도록 하는 것입니다.

폐업을 한 경우라면 내 어떤 부족함으로 폐업이 되었는지, 창업에 성공한 사람과 이야기를 나누며 문제점에 대한 명확한 인식을 해야 합니다. 이것은 나의 행위의 원인에 대한 정확한 진단인 것입니다. 문제점을 인식했다면 이제는 마음에서 우러나오는 인정을 거쳐야 합니다. '그래! 내가 이랬기 때문에 실패했던 거야. 이것을 이렇게 바꾸고 저것을 하고 이것은 절대로 하지 않고 다르게 하는 거야'를 생각하게 됩니다. 목표를 작게 잡아가면서 상향 조정합니다. 한 번에 대박을 꿈꾸기보다는 꾸준한 우상향을 경영 전략으로 행동화합니다. 그리고 그것을 반복합니다. 이 책에서의 솔루션과 텔레비전 예능 프로그램인 〈백종원의 골목식당〉 주인들을 비교해 보세요. 일맥상통함을 느낄 것입니다.

공부라면 어떨까요? 자신의 문제점이 무엇인지 분석하고 주변 환경을 둘러봅니다. 지나치게 핸드폰을 많이 보고 웹 서핑을 많이 하지는 않는지, 음악을 가까이 하지는 않는지 등을 확인합니다. 과목별로 분석도 해보고, 엉덩이를 한 번도 안 떼며 앉아 있는 순 공부 시간도 체크해봅니다. 원인을 파악했으면 없애면 됩니다. 컴퓨터와 스마트폰을 멀리하고 음악을 듣지 않으면 됩니다. 다음은 동기부여입니다. 나의 현재는 지금 이 정도이지만 나처럼 시작하여 전교 1등을 한 사람들의 사례를 떠올려봅니다. 명상을 하거나 마인드컨트롤도 도움이 되겠죠. 눈에 보이는 작은 목표를 성취하며 하나하나 목표를 향해 나아갑니다. 한 번에 대박을 꿈꾸기보다 조금씩 등수를 올리도록 생각을 하며 행동화합니다. 성적은 학습과 운동 모두 반복의 기술입니다. 훈련을 꾸준히 하고 반복적으로 하는 것에 승패는 달려 있습니다. 이 솔루션을 조금만 더 자세히 보겠습니다.

1. 인식 : 나는 어떤 사람인가?

인식하고 인지한다는 것은 잠시 멈추어 사실을 바라보는 행동입니다. 내 주위의 환경과 현재의 자신에 대한 분석을 통해 보다 올바른 방향을 다시 설정하는 과정입니다. 대부분의 청소년과 성인이 '~하고 싶다. ~되고 싶다'라는 자주 합니다. 하지만 그것이 '~되었다'로 이어질 확률은 매우 낮습니다. 왜냐하면 그것은 인식의 과정이 아닌 '바람', '허상', '토로'의 과정이지 '사실의 인식'이 아니기 때문입니다. 성공한 사람들을 분석해보면 '나에 대한 분명한 인식'을 가지고 있습니다. 나는 누구이며 무엇을 잘하고 못하는지 등 자신만의 고백이 공통적으로 있습니다. 세상이 공평한 이유는 입으로만 소망하는 사람은 결과를 얻지 못하고, 행동으로 소망하는 사람은 결과를 얻는다는 점입니다.

학교 현장에서 "사실 최상위권 성적의 학생들은 전혀 걱정이 안 됩니다. 그들은 무슨 일을 하더라도 사회적 성공을 하니까요. 문제는 중상위권부터 하위권 학생들입니다."라는 말을 자주 듣습니다. 실제로 반에서 3~5등 하는 학생들도 상위권이라고 생각할 수 있지만 사회에 나오게 된다면 애매한 위치에 놓이게 되는 것은 매한가지입니다. 차선책인 '인서울'이라는 목표를 성취하였지만 학교 간판의 메리트는 생각보다 적습니다. 애매한 포지션에서 또다시 취업이나 창업을 위해 경쟁하게 되며 여전히 불안정한 생활을 지속하게 됩니다. 상당수의 청년들이 뒤늦게 현실을 인식하고 그제야 주체적으로 움직입니다. 돈을 많이 벌고 싶어 하면서 돈이 없고, 공부 잘하고 싶어 하지만 공부를 못하고, 좋은 사람을 많이 사귀고 싶은데 인맥이 좁다면 인식해야 합니다. '나에게 문제가 있다! 개선해야 한다! 나부터 점검하고 변화해보자!' 바로 지금 펜을 들고 자신에 대한 모든 것을 적어보세요. '내가 부족하구나!'라는 것을 깨달아야 합니다.

2. 인정 : 자기 자신을 철저히 인정하라

"저희 아버지는 알코올 중독이었습니다."

"저희 어머니는 사기를 당했었죠."

"저는 특별한 무기가 없는 평범한 스펙입니다."

"1년 열심히 살았지만 통장에 있는 돈은 800만 원이 전부였습니다."

"합리화만이 제가 할 수 있는 최선이었어요."

이와 같이 성공한 사람들은 자기 자신과 주변 상황을 솔직히 인정합니다. 또한 지금의 상태, 무엇인가 잘못되어 있다는 '처절한 깨달음'이 있어야 합니다. 개그맨 유재석 씨는 노래 '말하는 대로'를 만드는 과정에 이런 이야기를 하였습니다. "잘 풀릴 줄 알았던 신인시절의 무명이 길어 답답했었다. 남 탓을 하고 새벽까지 잠 못 이루는 날이 많았다. 그런데 어느 순간 깨달았다. 사실 단 한 번도 미친 듯이 최선을 다해보지 않았구나. 내가 문제였던거구나! 그때부터 수많은 VCR을 돌려보며 거울을 보고 MC 연습을 했습니다." 그는 문제 인식과 함께 통렬한 인정을 한 것입니다.

흔히들 남자가 군대를 다녀오면 '철이 든다'라고 합니다. 왜 그런 말이 나올까요? 세상의 파도에 쓸려가다가 멈추어 생각할 시간이 생기기 때문입니다. 그곳에서는 세상과 최대한 단절된 채 과거를 떠올리게 하고 미래를 계획하게 합니다. 어쩔 수 없는 계급 시스템으로 고참과 사람들의 말을 듣게 되고, 아랫사람으로서 참는 법을 배우게 됩니다.

칸트가 산책을 하고, 예수님이 동산에 올라가 혼자 기도를 하고, 부처가 혼자 수양을 한 것도 같은 맥락입니다. 바로 조용함과 집중

속에서 돌아볼 수 있는 시간을 마련한 것입니다. 전역일이 가까워질수록 불안, 고민, 불투명한 미래에 대한 깊은 점검이 시작됩니다. 자신의 상태와 단점, 다른 사람에 대한 관찰을 시작하고 외부환경에 관심을 기울이기 시작합니다.

아모레퍼시픽의 서경배 회장은 현실을 인정하는 것을 통해 회사를 발전시켰습니다. 1990년대 대기업이었던 태평양 그룹은 화장품에 집중하고자 모든 계열사를 구조조정하고 매각했습니다. 이때 그가 한 일은 '우리가 가장 잘할 수 있는 일이 무엇인지'에 대한 조사였습니다. 이 과정은 치열한 자기분석과 현실을 인정해야 하는 시기였다고 했습니다. 결과론적으로 아모레퍼시픽은 시가총액 19위에 올라 있습니다. 고민의 깊이가 이 회사를 세계적인 기업으로 만든 것입니다.

일본의 필름 회사 역시 마찬가지의 과정을 거쳤습니다. 시장의 변화를 무시하고 과거의 방식을 그대로 운영했던 3업체와 달리 이 회사는 위기 상황을 인식하고 변화를 꾀했습니다. 회사 총 이익의 70%를 차지한 필름을 과감히 정리하고 1년간 자신들의 자산을 살펴본 후 화장품과 의약품 시장으로 과감히 진출한 것입니다. 결과는 대성공이었습니다. 객관적으로 자기를 분석하고 인정하면 행복, 여유, 금전적 만족도는 훌륭한 결과로 이어집니다. 나를 분명히 알고 행동하는 사람이 되어야 합니다.

3. 완주 : 목표를 정하고 반복하면 중위권 이상은 든다

목표를 잘 정해야 합니다. 허무맹랑하거나 너무 기준치가 높아서도 안 됩니다. 성취감을 높이기 위해 작은 목표로 세분화하시기 바랍니다. 다음으로 할 일은 전문가가 하라는 대로 그대로 따라하고, 해당 분야의 성공한 멘토로부터 방법을 듣고 그대로 하는 것입니다. 철저히 성공인의 방식을 차용하여 따라해야 하는 것이죠. 그리고 내공이 쌓이면 나만의 것으로 만드는 것입니다. 다른 어떤 영역도 마찬가지입니다. 노래를 잘하고 싶으면 닮고 싶은 가수를 모창하는 것이고, 그래픽 디자인을 잘하고 싶으면 흠모하는 디자이너의 작품을 처음부터 끝까지 똑같이 만들어보는 것입니다. 칼럼을 필사하고 작품을 모방하고, 아나운서를 똑같이 따라하면 그 아래 수준까지는 도달하게 됩니다. 성공한 사람을 정확히 따라하고, 하지 말아야 할 것을 안 하기만 하면 됩니다.

현실적인 목표를 정하였다면 일의 시작을 바로 해야 합니다. 시작이 반입니다. 공부 역시 시작이 있고, 지속이 있고 완주라는 마무리가 있어야 합니다. 효율을 위해 방법론이 필요하지만 더 우선시되는 것은 일의 빠른 실행입니다. 성공한 사람의 가장 큰 특징이 바로 이 빠른 실행력입니다. 공무원 시험에서 가장 빨리 합격하는 방법 중 하나는 첫 해 시험에서 탈락 후 하루만 슬퍼하고 다음 날부터 다시 공부를 열심히 하는 것입니다. 이별했다면 술에 취하고 울며 지내는 것보다 바로 소개팅을 통해 사람으로 인연을 만나는 것이 방법입니다.

언제 그랬냐는 듯이 대부분의 사람들이 전 사람을 잊고 사랑에 빠지게 됩니다. 빠른 실행력, 빠른 시작을 하기를 바랍니다. 미뤄서는 안 됩니다. 바로 해야 합니다. 가령 독서 습관을 갖고 싶다면 '침대에서 하루 한 줄 읽기'를 목표로 하기 바랍니다. 침대 옆에 책을 갖다 두고 밤마다 한 줄만 읽는다고 생각하고 펼치는 것입니다. 과연 한 줄만 읽을까요? 최소 한 장은 읽게 됩니다. 바로 오늘밤부터 해보기를 바랍니다.

노력은 꾸준하다는 것을 말합니다. 사람들은 저마다 노력의 정도가 다를 뿐이지 노력 안 하는 사람은 없습니다. 다만 꾸준히 하지 않거나 완주하지 못하는 경우가 대다수일 뿐입니다. 노력한다는 추상적인 말 대신 꾸준히 한다는 말로 대체해야 합니다. 수많은 명문대생, 사회적으로 좋은 직장에 다니는 사람들의 공통점은 꾸준함을 바탕으로 한 '완주 능력'이 높습니다. 꾸준히 유지하고, 한번 시작한 일은 마무리를 잘 짓고, 중간에 흐지부지되는 것을 싫어합니다. 운동선수의 체력과 근육은 꾸준한 사람만이 얻는 선물이며, 공부 부자와 역량 부자는 그 분야를 꾸준히 한 결과물입니다. 부자들은 이러한 꾸준함을 최우선 덕목으로 삼고 있는 것입니다. 발전에 있어 제일 중요한 것은 한계에 부딪혀가며 스스로의 최선의 범주를 넓혀가는 것입니다. 그렇게 묵묵히 계속 나아간다면 최소 1등은 못하더라도 중위권은 확보할 수 있습니다.

‘결과’는 과정이 우수하면 따라오는 부산물입니다. 세상을 살다보면 원하는 결과로 도출되지 않는 경우가 더 많습니다. 회사 프로젝트, 업무, 장사, 영업, 시험은 실패가 성공보다 더 많습니다. 이 모든 것들은 과정에 초점이 맞추어져 있고 결과는 선물로 오는 것입니다. 한계에 부딪히며 스스로의 깊이를 아는 사람은 세상을 달리 봅니다. 성공하는 이 과정이 얼마나 힘든 것인지를 알기 때문에 사람들을 경외하고 존중하게 됩니다. 책을 써본 사람은 책을 쓴 작가의 고충을 알기에 작가가 훌륭해 보입니다. 올림픽에 나가기 위해 준비해본 사람은 그들의 TV 속 눈물이 얼마나 밀도 있는지 알고 있습니다. 결과는 축하받을 일이지만 과정은 존경받을 일입니다. 그렇기에 부자 부모는 자녀들이 무슨 일을 하더라도 완주하는 버릇을 들이도록 해야 합니다.

완주는 경쟁력을 높인다는 의미이기도 합니다. 실제로 기업 현장에서는 완주하여 기회가 찾아오는 경우가 많습니다. 지금은 3등, 4등일지라도 꾸준히 버티다 보면 언젠가 기회가 오기 마련입니다. 그렇게 묵묵히 버티고 우상향하기만 한다면 인생의 기회가 3번 이상은 찾아옵니다. 꾸준히 하다 보니 생각지도 못한 ‘운’과 ‘기회’가 찾아오는 것입니다. 가령 다이어트를 하기 위해서는 식이요법과 꾸준한 운동을 해야 합니다. 무조건 체육관에서 1시간을 채우고 와야 합니다. 가서 놀고 오고 러닝머신의 TV를 보더라도 시간을 늘 채우고, 1시간을 완주하고 오면 됩니다. 자신의 의지를 붙잡아줄 주위의 환경을 조성하고 꾸준히 완주하기만 하면 다이어트가 되는 것입니다.

어떤 일이던지 완주만 하면 성장합니다. 대박은 아니더라도 최소한 중박은 되니까요. 믿기 어렵지만 완주만 하게 되면 과정을 통해 배운 실패와 성공 요소가 경험치와 스펙으로 자리 잡습니다. 하루 1%만 성장하면 1년 뒤에는 30배 이상의 성장으로 바뀝니다. 작은 성장의 누적을 깨달아야 합니다. 포기하지만 않는다면 어느 분야든 중상위권은 되며 엄청난 내공이 쌓여져 있음을 잊지 말아야 합니다.

꿈 부자 : 부자는 꿈이 많다

"꿈은 이루어집니다. 그러니 힘을 내세요. 꿈을 품으면 노인도 청년이 됩니다."

강의에서 누가 이런 말을 한다면 마음에 와 닿을까요? 진부하지는 않은가요? 꿈은 '행복'과 '돈'으로 이야기되어야 합니다. 꿈을 이룬 사람들의 특징은 돈으로 인한 성취감을 느꼈으며 '행복'으로 인한 만족감을 알기 때문입니다. 떡볶이를 창업하여 1년에 9,200만 원을 버는 동네 분식집 사장의 이야기를 하면 더 와 닿지 않나요? 그 분은 평생 이렇게만 벌면 소원이 없다고 합니다. 이 정도 돈을 벌어 자식들을 가르치며 노후 준비까지 할 수 있다면 행복하다고 합니다. 냉면 집을 오픈해서 1년에 1억 3천을 버는 동네 아주머니 역시 마찬가지입니다. 위 이야기를 시민 강좌에서 해드리면 모두들 눈이 동그래집니다. 왜냐하면 대부분의 부모들에게 돈은 꿈이자 목표이기 때문입니다.

'돈' 많이 버는 것이 꿈이라고 하면 이상한가요? '건물주', '50억 부자'가 되는 것이 꿈이라면 잘못일까요? 저는 옳은 것이라고 생각합니다. 당장 입에 풀칠하기 어려운 사람들, 돈 때문에 한번이라도 상처를 받아 본 사람들에게는 돈이 꿈이 될 수 있습니다. 실제로 양극화가 상상 이상으로 심해지는 지금 부자가 되고 싶은 것은 전혀 잘못이 아닙니다. 로또 복권을 사는 수백만의 국민들의 가슴속에는 어떤 바람이 있을지 느껴야 합니다. 다시 강조 드리지만 꿈은 행복감과 돈의 만족을 말합니다. 너무 현실감 있는 이야기라 당황할 수 있지만 돈을 벌려고 추구하고 돈이 알아서 따라오는 '부의 마그넷' 같은 삶을 살기를 바랍니다. 그렇게 가다보면 모두는 아닐지라도 대부분 행복해지기 때문입니다.

직장인들의 바람은 50억이 하늘에서 뚝 떨어지는 일이라고 합니다. 그러면 이 지긋지긋한 회사를 안 다니고 정말로 하고 싶은 것을 할 수 있다고 생각하니까요. 당신은 만약 억만장자라면 무엇을 하고 싶은가요? 많은 분들이 추가로 돈을 더 만들거나, 여행, 전원생활, 기부, 봉사 등 하고 싶었던 일을 하겠다고 합니다. 돈이 내 꿈을 실현시켜주는 '램프의 요정 지니'가 되는 셈입니다. 돈이 있으니 꿈을 이룰 수 있고, 돈 자체가 나의 행복이 되는 것입니다.

현장에서 많은 부모와 교사들은 아래와 같은 질문을 많이 합니다.

꿈을 어떻게 찾아야 하죠?
목표를 설정했지만 다음은 어떻게 해야 하죠?
재능은 있어 보이지만 그것이 특출 나는지는 어떻게 알까요?
무엇부터 시작해야 할까요?
미래에 어떤 것이 유망할까요?
하나만 잘하는 것이 좋을까요? 여러 개를 잘하는 것이 좋을까요?
정보는 어디서 찾나요?

꿈을 찾기 어렵다면 자신에 대한 탐구의 시간을 충분히 가져야 합니다. 내가 어떤 사람인지, 내가 무엇을 좋아하는지, 내가 어떤 경험을 했는지 정확히 인식하고 분석해야 합니다. 인생은 길지만 한 번뿐이고, 친구와 가족이 대신 살아줄 수도 없는 나만의 경주입니다.

평생의 선물인 한 번뿐인 인생을 즐겁고, 의미 있게 살아야 하지 않을까요? 그것을 학교와 가정에서는 제시해주어야 하는 것이고요. 누군가가 대신 작성해주는 자기소개서 대필, 이력서 대필도 있지만 결국 내 것을 바탕으로 내가 써야 의미가 있습니다. 취업과 창업 성공의 시작은 '나'로부터 시작됩니다. 지금부터 '꿈 필터링 질문'을 드립니다. 한번 멈추어 생각해보세요.

① 살면서 누군가에게 칭찬을 받았던 일이 있나요?
② 인생에서 수개월 이상 할애한 일이 있나요?
③ 이 일만 생각하면 스트레스가 없이 즐거운 일이 있나요?
④ 내가 꺼려하는 일에는 무엇이 있나요?
⑤ 돈이 많다면 꼭 하고 싶은 일이 있나요?
⑥ 시간 가는 줄 모르고 해본 일이 있나요?
⑦ 급여를 받지 않아도 무급으로 할 수 있을 것 같은 일이 있나요?
⑧ 당신이 지금껏 돈을 벌어 본 리스트와 그중 가장 많은 돈을 벌어 본 일은 무엇인가요?
⑨ 다른 사람을 웃게 하고, 기쁘게 하며 감사와 행복을 느끼게 한 일을 떠올려 보세요.
⑩ 죽기 전에 이 일만큼은 꼭 해보고 싶은 일들이 있나요?
⑪ 내가 이걸 하면 돈을 많이 벌 수 있을 것 같은 일이 있나요?
⑫ 내 주위, 내가 찾은 정보를 통해 현실적으로 1억~10억 이상 버는 사람들 리스트를 적어보세요.
⑬ 내가 정말 슬프고 행복할 때 꼭 올 것 같은 사람이 있나요?

위 13가지만 정리하면 진로의 1차 영역이 나옵니다. 일종의 '동사형 꿈'이 나오게 됩니다. 직업형 꿈이 아닌 동사형 꿈입니다. 교사나 강사가 아닌 남을 돕는 것을 좋아하는 나, '누군가를 가르치는 일', '수영으로 하는 일', '세상을 더 나아지게 하는 일'이 동사형 꿈인 것입니다. 매우 중요한 가이드라인입니다. 이 안에서 자신에 대한 이해와 꿈에 대한 방향을 찾도록 하고 있습니다. 진심으로 좋아하는 분야, 가슴 뛰는 일을 했던 경험, 호기심과 관심이 있는 분야를 하다보면 그 방향은 거의 다 행복의 방향입니다. 이제 그 방향으로 전력투

구하거나 꾸준히 하기만 하면 됩니다. 자신이 좋아하는 분야와 방향이기 때문에 누군가 잔소리를 하지 않아도 스스로 온종일 노력하게 되어 있습니다.

예를 들어 누군가는 가수가 꿈이라고 합니다. 만일 가수에서 노래로 꿈이 바뀌게 된다면 진로는 무궁무진해집니다. 프로듀서, 작곡가, 작사가, 음향 엔지니어, 악기 세션, 음악 DJ, 팝 칼럼니스트, 음악 무대 설치 전문가, 음반사 취업, 기획사 취업 등 다양해집니다. 노래와 관련된 행복한 일을 하며 살 수 있는 것입니다.

축구를 좋아하는 아이가 있습니다. 축구를 잘하기는 하지만 학교나 동네에서 잘할 뿐 전국대회에서 두각을 나타내지는 않습니다. 특출난 실력이 아니라면 프로가 되기 어렵습니다. 이때 그 아이가 축구뿐 아니라 말하는 것을 좋아하고, 사람들과 축구 이야기하는 것을 좋아한다면 이 아이는 축구 해설, 축구 칼럼가, 축구 스카우터가 될 수 있습니다. 스포츠 공무원이나 행정인이 될 수도 있습니다. 아주 좋은 역량을 보유한 것입니다. 만일 방송국과 연예인에 관심이 있다면 관련 직종을 연결하면 됩니다. PD, 작가, 프로듀서, 방송 엔지니어, 기자, 앵커, 영상 디자이너, 스타일리스트, 메이크업 아티스트, 연예인 스카우터, 보컬디렉터, 작곡가 등 무궁무진합니다.

꿈을 단어화하여 그 꿈과 관련된 단어에서 확장 가능한 영역의 역량을 기르는 것입니다. 애매한 특기가 주된 목표가 아닌 나만의 성향과 관심사에 맞는 진로 설정과 꾸준함으로 역량을 개발하는 것입니다. 그것이 핵심입니다. 남들과 비교하는 순간 '우리 아이의 고유의 것'이 희석되고 상실되기 때문입니다. 이제 우리 아이들의 꿈이 달라져야 합니다. 특정 대학이 아닌, 관심 있고 좋아하는 일을 찾아야 합니다. 아이들이 관심 있고, 좋아하는 분야를 찾아 다양한 진로를 보여주어야 합니다. 바로 그 흥미를 찾게 해야 하는 것입니다. 직업형 꿈이 아닌 단어형 꿈, 동사형 꿈이어야 합니다.

꿈을 동사형 꿈으로 해야 하는 이유는 다음과 같습니다.

첫째, 특정 직업만 추구하는 것은 리스크가 크기 때문입니다. 채용 시장은 불경기와 불확실성으로 인해 얼어 있습니다. 원하는 직업을 위해 달려왔지만 세상에서 그만큼 수요가 없다면 꿈은 좌절됩니다. 꿈이 좌절되어 경제적으로 어려워지거나 심리적으로 불안해지면 안 됩니다. 그렇기에 특정 직업이 아닌 관련 직무로 확장과 이직이 용이한 목표를 가져야 합니다. 그러한 직무 역량을 가져야 합니다. 해당 분야에 대한 전반적인 역량을 보유하면 관련 직종 안에서 이직이 쉽습니다. 가령 축구 능력도 중요하지만 운동 관련 지식과 능력을 갈고 닦은 사람들은 이직이 정말로 잘됩니다. 연계되고 확장된 일에서 적응을 잘할 수 있습니다. 보험 영업을 잘하는 사람들이 강의를 잘하고, 장사를 잘하는 것도 같은 맥락에서 이해할 수 있습니다. 직업을 넘어서 직무 역량을 보유했기 때문입니다. 요즘 시대에 꼭 필요한 능력입니다.

둘째, 만족도가 높아야 합니다. 자신이 좋아하는 일을 찾아서 하루를 보내는 것이 얼마나 행복한지 알 것입니다. 돈을 벌기 위해 일하는 것과 하고 싶은 것을 하며 돈을 버는 것은 다릅니다. 나에게 맞는 옷을 입어야지 어울리지 않는 옷을 책임감과 의무감으로 억지로 30년을 입을 수는 없습니다. 과거의 조부모, 부모님 세대들은 헌신하였지만 지금의 세대는 그렇지 않습니다. 자신이 행복해야 합니다. 그렇기 때문에 나의 성향과 관심사, 잘하는 분야를 찾아 오래할 수 있는 일을 해야 합니다. 그렇지 않으면 스트레스와 갑갑함에 스스로 퇴사하는 일이 빈번해집니다.

직업은 언제 사라질지 모릅니다. 4차 산업의 시대로 전문직도 사라질 수 있는 시대입니다. 기득권과 제도로 버티고 있지만 언제 무너질지 모릅니다. 직업은 사라지지만 산업은 사라질 확률이 적습니다. 그렇기 때문에 산업 안에서 진로가 변경될 수 있도록 성향에 맞는 꿈과 역량을 키워야 합니다. 기업은 과정을 견디고 즐길 수 있는 목표지향적인 사람을 원합니다. 실패를 통해 자신을 성찰하는 인재를 원합니다. 목표를 이루기 위한 뼈를 깎는 고통을 한 노력가를 원하기 때문입니다. 꿈이 많은 사람들은 욕심이 많고 스스로를 절제하거나 컨트롤을 할 확률이 높습니다. 우리 아이들을 꿈 부자로 만들어주는 일은 곧 행복한 부자로 만드는 지름길입니다.

05

시크릿 5 : 창인성은 사람을 행복하게 만들고 결국 부자로 만든다

즐기는 부자 : 재미있게 즐기는 사람이 행복한 부자가 될 확률이 크다

신나게 수다를 떨다보니 어느새 퇴근시간입니다. 말만 들어도 이곳은 최고의 회사 아닌가요? 이렇듯 사무실 가구, 근로 환경, 조직 문화, 보고 체계, PPT 제작 등 더 자유롭고 편한 문화로 회사는 바뀌고 있습니다. 직원들이 잘 놀아야 기업이 산다고 일터를 놀이터로 바꾸고 있는 것입니다. 일터가 놀이터가 되니 업무 만족도와 생산성은 덩달아 높아지기 시작했습니다. 우리나라도 출퇴근이 자유롭고 삶과 업무의 균형이 맞아지는 사회로 진입하고 있습니다. 구글, 애플, 나이키, 페이스북은 모두 혁신적인 업무 환경과 시스템을 운영 중에 있습니다. 개미와 베짱이를 자웅동체로 합치는 것입니다. 기업들은 혁신적인 방향으로 변화하고 있는데, 우리는 과거처럼 수직적인 사고로 길러야 할까요? 주입식으로 주어진 답을 향해 달려가야 할까요? 문제를 잘 푸는 아이보다, 문제를 잘 만드는 자녀로 만들어야 하지 않을까요? 4차 산업의 시대인데 3차 산업의 교육 방식을 해서는 안 되는 이유입니다.

즐겁고 재미있으면 살맛나고 일할 맛이 납니다. 하지만 인생은 한 번뿐이니 무조건 즐기는 것이 정답일까요? 회사가 100% 놀이터가 될 수 있을까요? 그런데 어떻게 보면 즐겁게 하라는 말이 참 무책임한 말이지 않은가요? 암묵적으로 지킬 것은 지키면서 놀아야 하고 결국에 결과는 내놓아야 합니다. 또한 인생에서 즐기기만 해서는 실제로는 최고가 되기 어렵고 노년의 불안감은 채울 수 없습니다. 독기를 품고 이를 악물고 밤잠 줄여가며 해야 하는 것이 현실입니다. 부모들이 악마여서 괜히 아이들을 입시 현장으로 밀어 넣는 것이 아닙니다. 경쟁 사회이고, 대한민국이 저성장의 기조에 들어 있는데 미래를 나중에 생각해서도 안 되기 때문입니다. 이때 필요한 것이 바로 균형성과 연결, 융합입니다. 최대한 휴식과 놀이를 즐겁게 하며 과정 자체가 더 즐거운 공부 문화, 사회 분위기를 형성하는 것입니다.

즐거움은 인생의 동력입니다. 즐거움이 없다면 존재의 이유, 일의 목적도 사라질 수 있는 것입니다. 순간의 고통과 인내는 힘들어도 과정 자체는 즐길 수 있어야 합니다. 즐거움은 행복의 큰 축이며, 심화 단계로 진입하기 위한 필수 태도입니다. 축구 선수 손흥민은 축구를 한 번도 일로 생각한 적이 없다고 합니다. 자기 자신에게 축구는 일이 아닌 즐거운 놀이이자 스트레스 해소 도구인 셈이죠. 즐겁게 하는 것이 현재까지 승승장구의 비결이라고 하였습니다. 그는 축구를 정말 사랑하고 즐거워합니다. 언젠가는 축구를 은퇴할 날이 올 것임을 알기에 한 경기 한 경기가 너무 소중하고 축구가 너무 재미있다고 합니다.

미국에서는 수년 전부터 숙제가 현저히 줄어들었다고 합니다. 숙제를 하더라도 짧은 시간 안에 할 수 있는 단편 과제를 권유한다고 합니다. 본질적으로 숙제보다 그 시간에 가족과 함께 즐거운 경험을 하라고 하는 것인데 일종의 홈프로젝트를 권유하고 있는 것입니다. 가족이 함께 하는 모든 시간들이 그 시기에는 중요한 경험이 되기 때문입니다. 놀이는 정신 형성의 중요한 요소입니다. 어렸을 때 무조건적으로 입시 공부를 강요하고 강권하는 것은 좋지 않습니다. 아이들의 진짜 행복, 진로를 위해서는 아이들의 니즈와, 학교 공부 외의 다양한 경험을 놀이와 균형적으로 해야 합니다. 놀이 형태의 경험이 자녀들에게 즐거운 기억이 되어 훗날 미래의 원동력이 됩니다. 사실 국가의 진로교육과 자유학년제의 취지는 바로 이러한 입시 우선주의 체계를 벗어난 인생 교육, 경험 교육, 평생 교육에 있습니다. 청소년 시기에 어른들이 하는 일을 직접 겪어보며 자신의 진로를 미리 학습하라는 것입니다. 다양한 경험, 여행, 창업, 휴학이 아이들의 진로 방향 설정에 도움이 되기 때문입니다. 이때 중요한 것은 바로 즐거운 경험입니다.

자녀들이 온라인 게임과 스마트폰 게임에 빠져 있는 이유가 무엇일까요? 바로 재미 때문입니다. 과정 자체가 재미있고 시간이 가는 줄 모르고 조작법이 크게 어렵지 않으며 내가 하는 대로 바로 결과가 나오기 때문입니다. 혼자 하면서도 같이 즐길 상대가 있고, 온오프라인에서 만나 여럿이 같이 할 수도 있습니다. 즉, 재미있는 것에 뇌는 자극을 느끼기 때문에 몰입도 할 수 있는 것입니다. 아이들에게 이보다 완벽한 도구는 없습니다. 마찬가지로 어떠한 공부와 프로젝트를 창의적으로 하기 위해서는 재미가 있어야 하며 거부감 없이 자극이 있어야 합니다. 그 재미를 통해 하고 싶은 의욕이 선행되어야 하며 놀이를 통해 스스로 하고 싶게 하고, 자연스러워지게 해야 합니다. 코딩 놀이, 수학 놀이, 언어 놀이, 미술 놀이가 마찬가지입니다. 놀이처럼 시작해야 오래 할 수 있습니다.

여기서 강조하는 '놀이'는 도구를 가지고 놀고 게임을 하듯이 노는 것만을 의미하는 것이 아닙니다. 보다 더 정확한 표현을 하자면 '즐거운 요소의 딴짓'이라고 말씀드리고 싶습니다. 아이들의 '딴짓'은 창조적인 과정, '다름'으로부터 오는 배움을 학습하는 과정입니다. 남들과 다른 개성을 찾아가는 과정이고, 새로움이 연결되는 순간입니다. 절대로 시간 낭비나 혼날 짓이 아닙니다. 딴짓은 아이들에게 재미를 통한 지적 영역으로 들어서는 통로이자, 창의성이 발달하는 놀이입니다. 현상을 비틀어보고, 즐겁게 시간을 보낸다는 것은 영육이 건강해지는 과정인 것입니다. 영재와 천재는 만들어지는 존재입니다. 부모가 환경을 어떻게 조성하느냐에 따라 천재로 만들어질 수 있으니까요. 놀이 같은 행위를 통해 창의와 감성을 연결해서 창조성과 풍성한 상상력을 기르도록 해야 합니다. 그것이 토대가 되고 학교 지식과 연결되어 천재로 드러납니다.

〈스터디맥스〉의 심여린 대표 역시 놀이처럼 학습을 시킨 대표적인 사례입니다. 주말에 아이들과 시간을 보낼 때 단순히 함께 노는 것이 아니라 아이가 좋아하고 흥미를 느끼는 분야를 찾으려 노력했습니다. 다양한 종류의 책을 읽어주고, 관심을 가지는 분야에 대하여 유튜브를 통해 로봇 애니메이션, 게임 관련 콘텐츠 등 개발 영상을 보여주며 시각적 흥미를 가지도록 했습니다. 스마트폰을 무조건 통제한 것이 아니라 적절히 활용한 것입니다.

수년간 현장에서 어른들의 실무를 놀이로써 재미있게 체험하며 강연을 하고 있습니다. 딱딱한 창업 교육, 진로 교육이 아닌 현실적이고 실무적인 이야기를 해줍니다. 두루뭉술한 창업 체험이 아닌 놀이로 '즐거운 토론', '즐거운 수다'를 떨며 진행합니다. 가령 외국 스타트업처럼 수평적이면서 자유로운 분위기에서 회의를 진행하게 하고 실제 사업자등록도 해보며 자신의 성향에 맞는 부서를 선택합니다. 외향적 성격, 내향적 성격, 말솜씨, 아이디어 능력 등을 판단하여 부서에 입사하게 합니다. 디자인도 해보고, 광고를 기획하기도 하고, 손익계산을 하기도 합니다. 놀랍게도 아이들은 알아서 합니다. 기획을 어떻게 해야 하며 어떻게 시작해야하는지 말이지요. 이론을 몰라도 됩니다. 아이들은 TV를 보고 쇼핑을 하면서 자신도 모르게 10대 시절부터 기획력을 이미 가지고 있습니다. 아이들에게 기획력을 끄집어낼 수 있도록 환경을 조성해주고 게임과 놀이의 형태로 딱딱하지 않게 표출하면 됩니다. 너희들이 하는 것이 '기획'이라고 알려주기만 하면 됩니다.

물론 '놀이 교육' 자체를 무조건적으로 지지하지는 않습니다. 놀이 교육의 형태가 초기 단계, 진입 단계에서는 매우 효과적이지만 심화 단계에서는 한계를 보이기 때문입니다. 하지만 성장이 완료되는 시기가 아닌, 계속적으로 성장하는 시기인 청소년 시기에는 '놀이'로써의 교육이 필요하다고는 생각합니다. 초기에는 해당 학습에 대한 거부감이 생기지 않아야 하며 아이 때라도 충분히 놀면서 생활하기를 바라기 때문입니다. 어차피 일생 동안 공부해야하고 평생학습이 지속될 우리 아이들 세대이기 때문입니다. 또한 놀이 과정을 통해 어려움과 생소함에 대한 거부감을 줄이고 수행 대상과 상호신뢰를 형성하고 친밀감을 느껴야 심화 진입이 쉬워집니다.

이곳에서 놀이 교육을 더 깊게 설명할 수는 없지만 꼭 강조하고 싶습니다. 공부 부자, 축구 부자, 지식 부자 아이들은 공부 자체가 재미있도록 환경과 과정이 설계되었습니다. 그들은 성적이 올라가는 재미를 느끼도록 장치와 동기부여를 하였으며 놀이화하였습니다.

디자인 부자 :
디자인의 정의를 뛰어넘으면 대한민국 3% 부자가 된다

디자인이라고 하는 것이 꼭 손으로 그리고 조각해야 하는 것은 아닙니다. 바로 생각도 디자인할 줄 알아야 하니까요. 이런 점에서 요즘은 관점을 디자인할 줄 아는 것이야말로 모든 영역의 설계 과정에서 필요한 일입니다. 디자인은 눈에 보이는 심미적인 효과 이외에도 어떠한 것을 계획하고 발전시키는 '총체적 기획'을 의미하는 말입니다. 사용자와 고객의 포지션에서 입장을 바꾸어 고객의 니즈를 완벽히 이해하는 사람이 바로 디자이너의 본질적 역할입니다. 디자인은 경영의 부가적인 가치가 아니라 고객을 꿰뚫어 전체를 그리는 본질적 가치인 것입니다. 어떤 사람들을 이것을 '감성 경영'이라고 말하기도 합니다. 그렇다면 요즘 이 디자인 경영, 감성 경영이 대두되는 이유는 무엇일까요? 바로 하드웨어의 평준화가 이루어졌기 때문입니다. 결국 비슷한 제품과 서비스의 경쟁 속에서 마케팅 자본력과 디자인 우위가 소비자의 구매력을 자극하는 차별점입니다. 단순히 기능만 있는 제품은 더 이상 팔리지 않습니다. 의미와 디자인이 담겨 있어야 합니다. 시각적으로 아름답거나 좋은 감정을 만들어줄 가치가 있어야 합니다.

앞으로 세상은 감성을 기반으로 한 경영과 변화가 두드러질 것입니다. 실제로 마케팅에서 제일 중요한 점이 바로 '니즈'입니다. 이 니즈는 인간의 감정과 욕구에 근거한 것으로써 기업이 돈을 벌기 위해 분석하는 제일 본질적인 부분입니다. 이 부분을 잘 만지는 사람들이 바로 디자이너입니다.

사람들의 본능과 니즈를 시각적으로 건드려 구매 욕구를 불러일으키는 것으로 시각 디자이너, 글씨 디자이너, 카피라이터, 무대 디자이너, 의상 디자이너, 그리고 보이지 않는 기획자, 총괄기획자 등이 바로 감성 경영에 근거한 사람들입니다. 이렇게 사람의 인문학적 감성, 심미적 감성을 중시하는 방향으로 흘러갈 것입니다. 4차 산업의 시대에서 사람만의 고유 능력이 더욱 중요시될 것이기 때문입니다. 기능적인 일과 생산성은 기계와 인공지능에 맡기되 창의적이고 디자인적 요소가 강한 성질은 사람만이 할 수 있기 때문입니다.

디자인 능력을 기르기 위해서는 기계가 아닌 표현의 존재, 생각하는 영혼으로 훈련시켜야 합니다. 실제로 프랑스의 디자인 교육은 우리 몸의 감각을 어떤 방식으로 느껴야 하는지 가르치는 대신, 어떤 예술 작품이나 물질에 대해 충분히 관찰하고 그 느낌을 표현할 수 있도록 합니다. 사람마다 다른 달란트를 가지고 자신의 느낌과 감성대로 표현하는 것입니다. 여기서 강조할 점은 자신이 느끼고, 정리한 내용을 스스로 표현할 줄 아는 것입니다. 자기 자신의 색깔을 분명히 나타내는 것은 중요한 능력이니까요.

스티브 잡스는 "사람들은 디자인을 그냥 겉치장 정도로 생각합니다. 디자이너들이 어떤 상자를 '보기 좋게 만드는 것'이라고 알고 있지요. 하지만 우리는 그런 것이 디자인이라고 생각하지 않습니다. 디자인은 어떻게 보이느냐 혹은 어떻게 느끼느냐 차원의 문제가 아닙니다. 디자인은 어떻게 '작동하느냐'에 관한 문제입니다."라고 이야기했습니다.

그가 만든 아이폰은 디자인의 혁신입니다. 왜냐하면 사람들의 이목을 끌만큼 무엇인가가 다르니까요. 혁신이 되자 세계 1등 기업으로 시가총액 300조의 기업이 되었습니다. 세계 최대 숙박 공유 업체인 에어비앤비, 국내 1위 음식배달 서비스기업 우아한 형제들(배달의민족), 글로벌 SNS 서비스 핀터레스트의 창업자는 모두 아트디자이너 출신입니다. 침체에 빠졌던 구찌 역시 아트디렉터인 미켈레를 새로 영입하며 디자인 경영으로 재도약을 이뤄냈습니다. 그저 외형을 꾸미는 디자인을 넘어서 디자인의 본질적 개념이 경영 전반의 핵심이 되고 있는 것입니다. 성공하기 위해 디자인과 브랜드를 활용하는 것이 아닌 디자인해야 성공한다는 것입니다.

매출액 120억의 가구디자인회사 ㈜카레클린트는 7년 전 홍대를 졸업한 동기 3명이 창업한 회사입니다. 이들이 단순한 디자이너였다면 지속가능 성장이 어려웠습니다. 이들은 디자인 경영을 하기 시작했습니다. 다른 가구회사처럼 인건비, 원자재 절감을 위해 해외 공장 시스템을 운영하지 않았습니다. 국내에 공장을 지었습니다. 그리고 전국의 숨겨진 목공장인, 목수들을 불러 모았습니다. 대량화의 핵심은 숙련된 기술자이고, 사람의 협업에서 시작됨을 알았습니다. 센스 있는 청년이 만드는 '국내 수제작 원목 가구'라는 정체성을 알리기 시작했습니다. 카레클린트의 공장 플랫폼으로 가구 디자이너를 불러 모았고 그 덕분에 CEO는 경영에만 집중할 수 있게 되었습니다.

우리나라의 시술, 성형 시장 역시 큰 틀에서 '디자인'입니다. 성형 열풍이 괜히 부는 것이 아닙니다. 예쁘게 디자인이 되자 사람의 인생이 바뀌게 됩니다. 피부가 바뀌자 쌍꺼풀이 생기자 가슴이 볼륨 있어지니 자신감과 자존감이 높아집니다. 사람 팔자가 바뀝니다. 제품의 경우 포장지를 바꾸자 사람들이 돈을 냅니다. 제품 이름과 디자인을 바꾸자 사람들이 못 알아보고 구입합니다. 자동차 역시 기능도 중요하지만 디자인이 좌지우지하는 경우가 너무 많습니다.

신생아 용품을 구매한다면 부모 눈에 예뻐 보이는 것이 최고입니다. 갓난아기들이 예쁜 것을 알까요? 부모를 타깃으로 귀엽고 사랑스러운 디자인을 보이면 구매하게 됩니다. 디자인의 힘을 느껴야 합니다. 창업 부자들이 디자인으로 현혹하여 갑부가 되는 것을 느껴야 합니다.

디자인을 할 수 있는 능력이 재미있으면서 확실하게 올릴 수 있는 방법을 말해보면 '공모전'에 놀이처럼 참여하는 것입니다. 미술 대회, 디자인, 건축, 표어, 포스터, 논문, 카피라이팅 공모전 등은 아이들에게 재미와 경험을 선물합니다. 설혹 탈락한다 하더라도 괜찮습니다. 재미가 있었고, 왠지 다음에는 될 것 같은 느낌을 받았기 때문입니다. 이 공모전 참여는 장점이 2가지 있습니다.

첫째, 공모전을 통해 미리 어른 연습을 할 수 있습니다. 아이디어를 스케치하며 상상력을 구체화하고 수정과 연구를 지속하는 법을 배우게 됩니다. 자연스레 어른의 역량이 함양됩니다. 치밀하게 고민하고, 기발하고, 소비자가 좋아하는 것을 '생각'하게 되기도 합니다. 사회와 기업이 필요로 하는 요소를 기르게 되는 것입니다.

둘째, 아이들의 대입, 취업에 도움이 될 종이 자격증, 대입 마패를 갖게 됩니다. 앞서 '스펙'은 실체적 역량, 전문가적 역량이라고 이야기했습니다. 자신이 재미있게 하여 수상한 상장은 공신력을 가지게 되어 영재 교육원, 고입, 대입, 취업에 큰 영향을 미치게 됩니다. 수 많은 아이들이 표창장, 장관상, 차관상, 총장상 등의 입상을 통해 대입과 취업에 디딤돌로 사용하고 있습니다. 또한 입상은 '엄청난 성취감'으로 돌아와 아이들의 삶의 태도와 자신감 향상에 큰 영향을 끼치고 있습니다.

디자인 공모전에 참여할 때는 기존의 작품과 사례들을 많이 따라해 보는 것도 도움이 됩니다. 모방을 하며 디자인을 익히고 변형하는 것입니다. 글, 그림, 생각 전개, 기획 등 모든 분야에서 모방이 중요합니다. 필사, 모창, 모사하는 것은 좋은 구조를 자신의 것으로 만드는 과정이기 때문입니다. 기존의 작품, 디자인을 분석하고 차용하고 재해석하게 하는 것도 재미이며 따라 그리다 보면 자신도 모르게 선배들의 기술과 능력을 흡수하게 되는 것입니다. 남의 것을 내 것으로 만들고, 그것을 바탕으로 나만의 것을 형성해 나가는 것입니다.

자녀들만 단독으로 참여할 수 있는 대회 및 공모전이 있다면 제일 좋고, 성인만 가능한 대회이더라도 부모님 이름으로 함께 참여하여 기획, 디자인하는 것도 좋은 방법입니다. 아이들이 주체가 되도록 하되, 어려운 소프트웨어와 기술은 부모가 맡고, 아이들이 아이디어와 기획을 담당해도 좋습니다. 아이가 대표가 되어 함께 회의하는 것으로 추억을 만들면 어느새 한 팀이 되고 팀 빌딩이 이루어져 가족의 또 다른 패밀리십이 형성됩니다. 과정 가운데 분명 아이들은 소프트웨어 툴을 접하게 됩니다. 한글, 워드, 엑셀, 포토샵, 일러스트, 스케치업, 캐드, 망고보드, DSLR 사진, 손그림, 스케치 등 말이지요. 또래

보다 일찍 소프트웨어를 다루게 된다면 부자가 되는 지름길이 됩니다.

기업에서 실제로 종이 자격증 전문가보다는 실무형 소프트웨어 전문가를 선호합니다. 1차원적 시각 디자인뿐 아니라 유튜브의 영상 디자인도 아이들에게 흥미적 요소가 됩니다. 아이들에게 유튜브를 무작정 보지 말게 하는 것이 아닌 잘나가는 유튜버의 디자인, 기획, 자막을 분석해보며 똑같이 만들어보는 것이 아이도 좋고 부모도 좋은 일거양득의 놀이 교육 법임을 잊지 마시기 바랍니다.

예를 들어 패션 유통 창업을 체험한다고 가정한다면 단순히 디자인만 하는 것이 아닌 패션을 아이템으로 하여 '생각 디자인'과 '판매 기획'을 팀빌딩으로 진행합니다. 물론 놀이로써 말이지요. 인포그래픽, 타이포그래피, CI/BI 그리기, 색깔의 배치를 통해 디자이너로서의 역량을 강화시키고 동시에 소비자의 지갑을 열게 하는 감성 경영을 연습합니다. 아이템을 만들고 만족만하는 것이 아니라 실제 '판매'가 될 수 있도록 소셜마켓, 온라인 마켓에 입점하는 체험도 해봅니다. 네이버 쇼핑, 각종 온라인 쇼핑몰에 사업자등록을 하여 판매를 하고, 판촉을 위해 광고와 MD 역시 기획해봅니다.

학교에서 평소에 미술 수업을 많이 하기 때문에 디자인은 곧 잘 하지만, 글쓰기 수업이 없다 보니 카피라이팅에서 아이들이 해매는 경우가 많습니다. 문장은 사람의 마음을 훔치고 지갑을 열게 합니다.

어떤 글씨체, 어떤 문장, 어떤 색깔을 사용하느냐에 따라 달라집니다. 문장을 통해 사람은 2초 안에 구매 여부를 결정합니다. 짧은 시간 안에 '문장의 힘'이 있지 않으면 소비자는 반응하지 않습니다. 아이들은 이러한 카피라이팅 연습을 통해 찰나의 순간의 중요성을 배우게 됩니다. 엉뚱하되 현실감 있고 사람의 본능을 자극하는 문장을 많이 보게 하고 작성하게도 합니다.

대표적 카피라이팅 모음

침대는 가구가 아닙니다. 과학입니다.
먹지 마세요. 피부에 양보하세요.
Just Do It.
여보, 아버님 댁에 보일러 놔드려야겠어요.
간 때문이야.
골라 먹는 재미가 있다.
산소 같은 여자
국물이 끝내줘요.
감기 조심하세요.
사나이 울리는 ○라면
안경은 가장 저렴한 성형이다.
저녁이 있는 삶

아이들이 자신의 삶에서 디자인하는 것을 가르쳐야 합니다. 글쓰기, 생각하기, 그리기 등 활동을 다양하게 할 수 있도록 하면 좋습니다. 입시 공부뿐만 아니라 디자인 공부가 잘되어 진로의 역량으로 이어지게 해야 합니다. 직업을 바라보지 말고 진로 역량을 기르도록 하는 것이 핵심입니다. 역량은 많이 접해봐야 그 감각이 열려서 기본 공식이 보이게 됩니다. 그렇게 하나하나 재미를 붙이게 하고 칭찬받게 하여 부자가 되게 유도해야 합니다. 그러니 기회를 만들어 입상과 상관없이 공모전에 많이 도전해보기를 바랍니다.

디자인을 잘하는 지름길

1. 사람의 본성을 잘 알 수 있도록 인문학과 심리학을 재미있게 읽을 수 있도록 한다.
2. 많은 모방을 통해서 디자인의 규칙과 기본 실력을 쌓는다.
3. 표현하는 것에 익숙해진다.
4. 일의 시작 전에 전체 그림인 기획을 먼저 하도록 한다.
5. 배치, 구도, 색감 등 규칙과 소프트웨어 툴을 사용하여 기술의 재미를 붙인다.

창의성 부자 : 부자가 돈을 쓸어 담는 노하우

전유성 : 계란의 용도를 설명해 봐.

최양락 : 찜을 해먹을 수도 있고 후라이도 되고, 계란말이도 되죠.

전유성 : 나는 23000개는 말할 수 있어.

최양락 : 네?

전유성 : 5층에서 2층으로 던질 수도 있고, 반포대교 3m 위에서 던질 수도 있고, 괴산에 사는 외삼촌에게 택배로 보낼 수도 있지.

많은 사람들이 '창의성은 획기적이고 무릎을 치는 것이어야 한다'라고 생각합니다. 하지만 창의성은 비틀어보고 연결해보고 분해해보며 반대로 해보는 일입니다. 스티브잡스가 그러했고, 지금 우리나라의 스타트업 부자들도 그러합니다. 연결하고 사람의 문제를 해결하였더니 '창의적인 인재'라는 수식어도 붙게 됩니다.

부모나 교사 모두 창의성 훈련이 중요하다는 사실은 알고 있습니다. 그러나 어떻게 이 훈련을 해야 하는지 감을 잡지 못하는 경우가 대다수입니다. 다행인 것은 요즘 들어 학교 현장의 훌륭한 교사들이 점점 그 중요성을 더욱 깊게 느끼고 있고, 각종 연수와 개인 공부를 통해 조금씩 확장되고 있습니다. 이러한 공교육의 노력 외에 보다 더 중요한 것은 바로 가정에서의 훈련입니다. 이미 수많은 부자 부모와 부자 아이들은 그러한 창의성 훈련을 집에서 평상시에 받고 있습니다. 창의적 생각을 습관으로 만들고, 당연한 사고로 만들고 있습니다. 그러나 몇몇 부모들은 남들과 다른 것에 대한 거부감, 불안감으로 아이들에게 통일성을 요구하고 있습니다. 평범한 보통이 최고라고 가르치기도 합니다. 그러나 부자 부모들은 다릅니다. 다름의 가치를 이해하고 하고, 그 다름 속에서 자신의 철학을 확립시키고 있습니다. 남들과 다른 것이 당연한 것이라 생각합니다. 남 신경 쓰고 살긴 아깝다고 하고, 세상엔 특별하고 다른 일이 너무 많아서 행복하다고 합니다. 남들과 조화를 이루어 살되 남들의 시선을 덜 신경 쓰며 자기 자신을 사랑합니다.

지금부터 많은 학부모가 궁금해하는 것을 다루어보겠습니다. "어떻게 하면 창의력이 길러질까요?"에 대한 질문에 우선 창의성이 무엇인지 알아야 합니다. 창의성은 새로운 아이디어를 내는 의미라기보다는 연결과 확장을 통한 자기 생각 표현 능력입니다. 자신이 생각한 것을 계속 연결시키고 확장하여 표현하는 것이 창의성인 것입니다. 사실 우리 주위의 '작은 행동 실현'이 창의성입니다. 왜 그럴까요? 애초에 태생 자체가 우리 아이들은 모두 다르게 태어났고, 창의적으로 만들어진 존재들입니다. 그런데 부모들은 획기적이고 기발한 것만이 '창의성'이라고 생각하고 있습니다. 절대 아닙니다. 거대하고 어마어마한 아이디어들은 일상의 창의성이 연결되었을 때 나오는 특수한 경우입니다. 작은 창의성도 존재하고, 큰 창의성도 존재합니다. 우리 아이 주변에 이미 창의성은 무궁무진한 셈입니다.

부모와 교사는 아이들에게 너희들의 존재 자체가 창의적 존재라는 사실을 가르쳐야 합니다. "너는 세상에 하나뿐인 존재로 이미 존재 자체로 창의적인 아이란다."라는 말로 아이의 자존감을 높여주어야 합니다. 아이들의 평소 생각이 우주 같은 창의성이라는 사실을 알려준다면 아이들은 자신의 삶을 보다 주체적으로 살아갈 것입니다.

아이들은 애초에 창의성을 잘 나타내도록 설계되었는데 입시와 보통의 교육제도 때문에 획일화된 존재로서 교육되어 창의적 생각이 매몰되어 살고 있습니다.

실제로 창의성은 위에 언급 드린 대로 연결하는 능력이 우선입니다. 생각과 로직의 연결, 사물과 사물의 연결, 무형과 유형의 연결 등 연결하고 재조합하고 해체할 수 있는 능력이 창의성의 본질인 것입니다. 4차 산업에서 강조하는 창의성은 바로 이 연결 능력인 것입니다. 기름이 아닌 전기로 구동하는 차, 드론에 붙인 태양광 패널, 옷에 붙어 놓은 헬스케어센스 장치, 손목시계에 담아 있는 심박측정기 등은 우리 아이들의 상상 안에 있는 범주입니다.

일상에는 더 많습니다. 포스트잇, 연필 지우개, 드래곤볼의 초사이언, 가수 UV의 개가수 콘셉트, 무한도전의 예능과 음악 페스티벌의 만남, 호랑이와 사자가 만난 라이거, 배와 철갑판이 합쳐진 무적의 거북선, 깐풍기와 치킨의 융합인 깐풍치킨, 돈카츠 치즈버거, 죽염 치약, 좀비 영화, 영화 캐릭터의 게임화 등 너무도 많습니다.

위대한 발명가나 아인슈타인 같은 사람만이 하는 생각이 창의성이 아닙니다. 예시는 더 있습니다. 인문학과 게임이 융합하자 창의적인 스타크래프트가 나왔습니다. 기존에 없던 토크콘서트도 새로운 창의적 콘서트 문화로 자리 잡았습니다. 시사와 예능이 만난 텔레비전 프로그램 〈썰전〉은 국민 프로그램이 되었습니다. 학교 현장, 언론에서 너무 위대한 것에만 신경을 쓰고 있어서 창의성의 본질이 왜곡

되는 것입니다.

창의력은 나만의 생각에서 시작합니다. 우리가 잘 아는 창조적인 인물들은 모두 자신만의 브랜딩, 아이덴티티, 기술, 경험, 생각을 가지고 있습니다. 아이폰으로 세상에 혁신을 일으킨 스티브 잡스, 민간인도 우주를 갈 수 있다는 테슬라모터스의 엘런 머스크, 상대성 이론으로 세상의 기존 주장을 뒤집은 아인슈타인 모두 남과 다름에서 시작하고 자신만의 생각으로 세상에 나왔습니다. 중요한 것은 이들 모두 세상에 나왔다는 것입니다. 세상에 나와 표현을 했고 발표를 했습니다. 그래서 저는 창의력의 마지막은 표현에 있다고 강조합니다. 아무리 좋은 생각과 기술도 세상으로 나오지 못하고 나의 머릿속, 내 지역에만 머물러 있다면 발명, 혁신, 변화가 이루어질 수는 없습니다. 즉, 생각과 상상으로 머무르는 것이 아닌 텍스트, 시제품, 아이템으로 도출되어 창의성이 완성되어야 하는 것입니다.

창의력을 가지기 위해서 제일 중요한 점은 '기본기'입니다. 배경지식과 다양한 경험이라는 바탕이 있어야 자유롭게 연결, 융합, 재조합, 해체 등을 할 수 있기 때문입니다. 창의력이 좋은 사람은 많은 지식과 경험이 다양합니다. 그 재료를 바탕으로 연결하고 재조합하고, 재배치하며 창의성을 완성하는 것입니다. 독서와 일상의 많은 경험을 추천 드리는 것이 바로 여기에 있습니다. 기본기를 갖추며 다음으로 해야 할 일은 '창의적 태도'입니다. 이러한 태도를 삶에서 습관화하며 의심하고, 다르게 보려 하고 왜 그런지 재해석하려 하는 사고와 훈련을 해야 합니다.

창의성을 방해하는 의식

완벽하게 갖추어 놓고 시작하려고 한다.
고정관념과 습관에 익숙해져 있다.
주위와 비슷해야 하고 튀어서는 안 된다고 생각한다.
다른 생각을 하면 틀린 사람으로 인식한다.
무엇을 먼저 해야 할지 모른다.
정보가 주어지는 대로 그대로 받아들인다.
반대로 생각하는 습관이 형성되어 있지 않다.
자신에 대한 과대평과 혹은 과소평가 경향이 있다.
현실에 순응하며 산다.
한 번에 바로 해결하기를 원한다.

공감이 되나요? 위와 같은 태도는 보통의 방법입니다. 부자의 방법, 천재의 방법, 남들과 다른 방법을 취해야 더 많이 얻고, 더 특별하게 살아갈 수 있습니다.

'제거한다면? 작게 한다면? 압축한다면? 축소한다면? 가볍게 한다면? 짧게 한다면? 섞는다면? 합체한다면? 융합한다면? 연결한다면? 변경한다면? 새로운 모습으로 바꾼다면? 비슷한 것은 없는가?"

위의 요소를 외우고 적용해야 합니다. 그러면 돈이 보이고 길이 보입니다. 장사와 사업을 기획할 때도 마찬가지로 경영을 할 때도 마찬가지입니다. 의심하고 뒤틀고 질문적 사고가 늘어나야 합니다. 반대적 사고가 형성되고 아이디어의 시작이 자유롭고 거부감이 없어야 합니다. 놀이처럼 쉽게 금방 나와야 합니다. 다소 산만해 보이더라도 툭툭 던지는 것이 익숙해져야 합니다. 부모와 학교가 열려야 다름이 인정이 되고 창의가 시작됩니다.

다음은 직접 고안한 창의성 체험활동의 가이드라인과 예시입니다. 창의성은 융합력이고 연결력입니다. 해체 능력이고 유사하게 변형하는 능력입니다. 큰 창의성도 있지만 작은 창의성도 있으며, 보통의 일상에서 쉽게 생각할 수 있음을 기억해야 합니다.

창의성을 기르는 방법

- 최소한 단순하게 시작한다.
- 결과 중심으로 역산한다.
- 단계를 구분해 기획한다.
- 세상에 없는 것이어야 한다는 고정관념에서 벗어난다.
- 벤치마킹하려 노력한다.
- 재료와 자료를 모으는 것을 우선으로 한다.
- 육하원칙, 하우투론, 마인드맵, SWOT 등 분석법을 활용한다.
- 불편함을 인지한다.
- 이어붙이고 연결하고 삭제하고 비틀어 본다.
- 실리콘벨리는 떠들면서 회의한다.
- 반대로 생각한다.

〈예시〉

1. 본래의 목적 말고 다른 용도는 없을까?

= 현수막으로 가방 만들기, 교통 CCTV를 활용한 도로 기상 정보 확인

2. 약간만 더 추가하고, 개조한다면 무엇을 추가하면 좋을 것인가?

= 볼펜에 광고 입혀서 수익화하기

3. 응용하고 합친다면 어떻게 될까?

= 숟가랑 포크, 수상 스키, 밥 버거, 태양광 드론

4. 축소,제거,대체한다면 어떨까?

= 비닐봉지 대신 지퍼백

5. 반대, 재배치, 역산한다면?

= 손님이 서빙, 자동화 장비, 학생이 수업

6. 확대, 확장, 추가한다면?

= 농지의 변화 → 농장 6차 산업 체험장, 목수의 유튜브 강의, 연필 지우개

마지막으로 이 창의력이 중요한 이유를 정리해보면 첫째, 기업과 세상이 창의융합 인재를 원하고 있습니다. 우리가 살아가는 '사회'가 그런 사람을 강력히 원하고 있는 것입니다. 어려운 경제 상황, 고도화된 4차 산업으로 인해 하나의 능력만 가진 인재보다는 멀티 인재를 원하고 있습니다. 융합하고, 연결하여 새로운 것을 만들 사람을 원하고 있는 것입니다. 기업은 미래를 위해 사활을 걸고 있습니다. 사물을

연결하는 '사물 인터넷', 농장과 IT의 연결인 '스마트팜', IT를 활용한 공유경제, 반도체를 확장하는 자율주행차, 인공지능을 연계한 의료시스템 등 창의, 융합, 연결로 '돈'을 벌기 위해 밤을 지새우고 있습니다. 기업뿐 아니라 대학도 그러한 인재를 원하고 있습니다. 복수전공, 융합형 특성학과, 디자인경영융합, 지식융합학부, 산업융합학부, 자유전공학부, 인문예술 융합 프로젝트, 융합인재전형 등을 다양하게 하는 이유를 통찰해야 합니다.

둘째, 세상에 존재하는 것들은 창의융합으로 이루어져 있습니다. 요리도 창의융합으로 스팸과 김치찌개의 만남은 스팸김치찌개입니다. 김밥에 소고기 혹은 치즈를 넣었더니 스페셜 김밥이 되었습니다. 이동 수단에 대포를 달았더니 탱크가 되었습니다. 무엇인가를 붙이는 것 뿐 아니라 자동차, 아파트, 핸드폰 등 제조, 건설, 디자인 모두 창의융합 요소로 이루어져 있다는 것입니다. 세상에 이루어진 것이 창의융합 요소라면 우리도 창의융합 역량을 갖고 있어야 합니다.

셋째, 창의융합이 돈이 됩니다. 남들이 못하고, 세상에 없는 것, 혹은 조금 더 유용한 것은 '돈'이 됩니다. 창업자라면 큰돈을 벌 수 있는 기회가 되고 직장인이라면 사회에 도움이 되고 승진의 기회가 되는 것입니다. 엔터테인먼트, 영화, 방송, 제조업, 요식업 모두에 해당합니다. 기획서, 시나리오, 책, 음악, 미술, 건축, 제품, 음식 등 모든 영역에서 창의융합하면 큰돈이 되고 있음을 이해해야 합니다.

넷째, 창의융합 사고를 가지면 취업과 창업에 유리합니다. 면접에서도 유리하게 답변을 할 수 있으며, 자기소개서를 유리하게 작성할 수 있습니다. 기업과 대학은 창의융합 인재를 원하고 있습니다. 다른 말로 하자면 창의융합 능력이 없으면 채용이 어렵고 세상에서 성공하기가 어렵다는 말입니다. 채용되고 창업에 성공하기 위해 꼭 가져야 하는 것입니다. 선택사항이 아닌, 의무사항이 되고 있는 트렌드를 읽어야 합니다.

창의성은 무작정 튈 필요가 없습니다. 자연스럽게 융합하고, 해체하고 연결하고 변형하고, 확장하고 붙이면 됩니다. 그렇게 시작하다 보면 재미가 있어지고 돈이 되고 성취감이 생기고 결국 자신의 역량이 됩니다.

인성 부자 :
부자 아이가 인성도 좋다

"저 자식 참 싸가지 없네. 어른이 말하고 있는데 뭘 잘했다고 말대꾸하고 있어?"

행동이 잘못된 것을 예의가 없다고 말할 때가 있습니다. 그런데 이 예의가 없음을 행동 자체가 아니라 우리나라 특유의 나이 문화, 수직 문화에 적용할 때가 많습니다. 정말 싸가지와 나이는 본질적으로 상관이 없는데 말이지요. 위인 이순신과 류성룡은 3살 차이가 나는 형, 동생 사이였습니다. 하지만 그들은 서로를 '벗'으로 생각하였습니다. 이 이야기를 하는 이유는 이제는 인성의 개념을 바꾸어야 하는 시대가 왔기 때문입니다. 청년 세대는 이 나이 문화, 꼰대 문화, 군대 문화에 큰 불쾌함을 가지고 있고, 지양하는 성향을 가지고 있습니다. 서구문화의 수평성에 익숙하고, 상대방을 객체로 존중하는 것이 익숙하기 때문입니다.

"아저씨 왜 반말하세요, 저 봤어요?"

젊은 세대는 성별, 종교, 나이, 국적을 떠나 모두와 친구가 될 수 있는 사회에서 자라고 있습니다. 수평성과 수직성을 균형적으로 가져가되 수평성에 조금 더 가치를 두는 세대인 것입니다.

실제적으로 요즘 시대에 '인성'이란 개념은 상당히 복합적입니다. 단순히 예의범절이라는 전통적이며 유교적인 의미뿐 아니라 군대 문화의 수직적인 상명하복 문화를 모두 포함하기 때문입니다. 또한 종교성이 묻어 있는 인성, 미래 인재적 인성, '싸가지'라는 행동적 인성이 모두 섞여 있습니다. 지금은 4차 산업 시대, 글로벌 경쟁 시대인데 도약하는 대한민국이 되기 위해서는 잘못된 개념을 분명히 구분하여 지킬 것은 지키고 변할 것은 변화시켜야 합니다.

대한민국에서 중시하는 인성과 세계에서 가치를 부여하는 인성은 관점이 다릅니다. 겸손을 바라보는 관점이 대표적인 예시입니다. 우리나라는 자신을 자랑하는 것에 대하여 안 좋게 생각하는 경우가 많습니다. 조용히 있고 말을 아끼며, 알아도 모르는 척하는 것이 겸손이라고 생각하기 때문입니다. 하지만 시대가 바뀌었고 세계는 다르게 생각합니다. 응축과 수렴도 중요하지만 실력과 재능을 발산하고 표현하는 것이 중요하다고 생각합니다. 자신의 공은 스스로 자랑하고 표현하되 동료의 공도 함께 띄우는 사회적 인성이 세계적 트렌드입니다. 중요한 것은 우리나라만큼 외국에서도 인성을 매우 중요시 여긴다는 사실입니다.

미국 야구 메이저리그와 NBA 농구리그의 경우 루키와 베테랑은 태도와 권한, 역할이 다릅니다. 루키는 루키답게, 베테랑은 베테랑에 맞는 인성을 보여야 합니다. 그렇지 않으면 개인의 뛰어난 실력보다 우선인 내부 규율에 따라 처분을 받기도 합니다. 상대 포지션과 전문성에 대한 인정, 선배에 대한 인간적 존중입니다. 그들 역시 삶의 태도, 직장 예절, 훈련 자세를 매우 중요하게 여기며 연봉 협상과 사회활동에 주안을 두는 것입니다.

학교에서 인성 교육을 강화해야 하느냐, 가정에서 해야 할 일이냐를 가지고 갑론을박할 필요는 없습니다. 가정에서도 하고, 학교에서도 하며 균형을 맞추면 될 일이니 말이지요. 인성교육을 강조하면 보수이고, 자유로움을 강조하면 진보라는 잘못된 프레임도 버려야 합니다. 그저 우리나라에서 강조하는 인성 교육을 넘어서 세계적인 인성 교육과 균형을 맞추어야 하는 것입니다. 그리고 민주 시민으로서의 인성, 세계 시민으로서의 인성, 글로벌 인재의 인성, 통일과 평화를 준비할 인성을 기르도록 하면 되는 것입니다.

이제부터는 인성 교육을 학습이 아닌 삶에서 '체험'으로 배우게 해야 합니다. 인성 교육을 가르칠 때 가장 중요한 것은 인성 교육을 주재료로 삼는 것이 아닌 활동의 중간 산물로써 인식시켜야 하는 것입니다. 사람은 누구나 훈계를 듣거나 지적받기 싫어합니다. 그 방식이 직접적일수록 더 싫어합니다. 특히 요즘 아이들의 경우 지금의 할아버지, 아버지 세대와 다른 사고 체계를 갖고 있습니다. 자라난 환경도 다릅니다. 그렇기 때문에 직접적인 교육보다는 간접적인 방법이 더 효과적인 경우가 많습니다. 특히나 사춘기에 접어드는 친구들의 경우 더욱 예민하기 때문입니다.

가정과 학교에서의 아이들은 자기중심적이고 독단적인 행동을 멈추게 해야 합니다. 단순히 개인주의성향의 차원이 아닌 다른 사람의 의견을 존중하며 이해하도록 해야 합니다. 그래야 사회적으로 어울릴 수 있기 때문입니다. 충분히 훈련과 연습으로 바뀔 수 있습니다. 그래서 제가 강조하는 개념이 바로 '창인성'이라는 단어입니다. 창의성과 인성의 합성어로써 창의적 체험과 활동을 통해 인성 교육을 실시한다는 개념입니다. 지금은 인성 교육을 예절 교육원, 전통 교육에 근거하여 그 자체로만 학습할 수 있는 시대의 흐름이 아닙니다. 회초리와 체벌로 고쳐지는 시대가 아닙니다. 인성 교육을 다른 교육과의 융합, 혹은 다른 교육을 통해 얻는 자연스러운 함양의 관점으로 보는 것이 맞습니다. 어른들도 훈계를 듣거나, 딱딱한 인성 교육을 받게 되면 지루하고 몸이 꼬이는데 아이들에게 다르기를 바라는 것은 잘못입니다. 인성은 사람이 살아가는 삶, 배경, 분위기, 체험을 통한 깨달음으로 체화되는 산물입니다.

현장에서 시행하는 창의성 훈련, 기업가 정신 훈련을 예로 들겠습니다. 인성 교육의 새로운 방법과 훈련을 느껴 보기를 바랍니다. 5명의 인원이 한 조가 되어 회사를 설립합니다. 기업의 역할인 이윤 추구와 사회적 책임의 균형을 공부합니다. 회사의 사업자 등록을 합니다. 동업계약서 작성, 본인 적성에 맞는 팀으로 입사, 사업 기획, 마케팅, 디자인, 홍보, 발표회 및 IPO까지 마무리를 합니다. 그 과정 가운데 아이들은 전략을 기획하고 토론합니다. 가령 연예기획사를 창업한 경우 소속 연예인에게 담배, 올바른 이성교제, 마약, SNS 관리, 욕설, 언어 표현 습관 등으로 인한 손해를 '돌발 상황'으로 주며 당황하게 합니다. 실제로 위 상황은 기업에게는 주가 하락, 팬덤 해체, 수익성 악화로 이어지는 중요한 문제입니다. 아이들은 이미 부도덕한 아이돌의 이름과 잘못을 알고 있습니다. 아이들은 그로 인해 탈퇴, 자숙, 경제적 손실을 알게 됩니다. 그런 예시를 알려주면서 아이들은 더 많은 예시를 생산해내고 발표회 때 아이돌 인성 교육을 어떻게 시키겠다고 제시하게 됩니다. 경영 체험과 아이돌 기획을 통해 부도덕한 일에 대한 인성 교육, 범죄를 하면 안 된다는 교육을 자연스레 접목하는 것입니다. 인성 교육은 이렇게 기업가 정신 게임의 부산물로써 교육이 되어야 효과적입니다. 딱딱한 교육은 아이들에게 이론적인 지식이 될 뿐입니다.

인성 교육은 결국 아이들의 창의성 발달로도 이어집니다. 놀이 같은 체험을 통해 아이들의 창의성, 확장성, 연결성에 영향을 미치게 됩니다. 또한 세상에 영향을 미치는 것이 윤리적으로 어떠한지 생각하게 합니다. 기업은 돈을 벌어서 구성원들을 먹여 살려야 하기도 하지만 '사회적 책임'을 져야 함을 깨닫게 합니다. 일종의 민주 시민 인성을 배우는 것입니다. 일상에서 대수롭지 않게 생각했던 것들에 대하여 게임처럼 체험하며 토론하고 사고함으로써 자신의 도덕적 철학을 세우게 됩니다. 실제로 해외의 경우 이러한 방식의 체험을 매우 활발히 하고 있습니다. 조별 체험, 토론 체험, 게임 이론을 적용하여 자신의 생각을 주장하고 표현하게 하고 그것이 자신의 것이 되도록 체화하는 훈련입니다.

앞서 학교 현장에서 적용한다고 한 내용들은 바로 외국의 인성 교육 원리를 차용한 것입니다. 미국의 경우 예체능 교육을 매우 중시합니다. 단체 스포츠, 합주, 아트 콜라보 프로젝트 등 하나의 팀으로 활동하는 교육을 중요시합니다. 합주를 하면 오케스트라 형식이 되어 타인과의 조화, 어울림, 존중, 배려, 공평을 배우게 됩니다. 어린 시절부터 진학과 입시 위주가 아닌 전인적 교육을 추구합니다. 운동선수도 공부를 해야 하고, 일반 학생도 스포츠와 예능을 배우게 합니다. 어린 시절의 균형 있는 교육이 성인이 되었을 때의 자양분이 된다는 것을 잘 적용하는 것입니다. 그렇게 팀플레이에 익숙하게 가르칩니다. 이렇게 다른 사람과 같이 어울리는 법을 배우는 것은 매우 중요합니다. 나 중심의 사고에서 벗어나 타인을 생각하는 습관, 태도를 기를 수 있기 때문입니다. 나를 사랑하되 남과 조화롭게 살아가는 사고를 가지게 됩니다. 팀과 함께 함으로 헌신을 배울 수 있고, 자신의 부족함에 대한 성찰의 기회가 생기기도 합니다. 의지하고 도움을 주는 법도 배우게 되고 무엇보다도 성인이 되었을 때 필요한 협력을 배울 수 있게 됩니다. 인성 교육을 훈육하는 가장 좋은 방법은 바로 멘토링입니다. 인생에 좋은 영향을 미칠 멘토를 만남으로서 인성뿐 아니라 인생이 바뀌게 되는 것입니다. 가장 좋은 방법은 부모의 인맥을 통해 좋은 인맥을 소개시켜주는 것이고 녹록치 않을 경우 동문회, 종교시설에 가는 것도 일반적입니다. 그리고 가장 좋은 방법은 부모가 멘토가 되는 것입니다. 하지만 부모들 대부분이 아이들과 대화가 잘 안되고, 하더라도 소통에 어려움을 겪고 있습니다. 귀찮음, 세대차이, 사춘기 등을 이유로 부모와 자녀의 대화가 소멸됩니다. '나도 어릴 때는 알아서 했고, 시간이 해결해줄 거야. 저때는 다 저래' 등으로 치부하게 됩니다. 그래서는 안 됩니다. 좋은 사람들과 작고 큰 대화를 지속해야 합니다. 의견을 나누고 생각을 교환해야 아이들의 인성이 바로 서게 됩니다. 그렇게 해야 부모에 대한 존경심과 신뢰가 더욱 깊어지게 됩니다. 부모는 아이의 '거울'이라고 강조를 드린 점을 기억해야 합니다. 그리고 아이들은 가장 가까이에 있는 부모를 따라하는 경향이 있음도 알아야 합니다. 기업은 지금 사람이 잘 따르는 사람, 사람이 주위에 차고 넘치는 사람, 원만한 성격을 지닌 사람을 채용하려 혈안이 되어 있습니다. 공부만큼 중요한 것이 바로 인성인 것입니다. 돈 부자, 창의성 부자, 대학 간판 부자도 중요하지만 이 인성 부자는 꼭 아이에게 증여해주어서 아이들이 사람들에게 사랑받고 사랑을 듬뿍주는 존재로 성장하기를 바랍니다.

학교 간판, 석박사를 통한 학위 업그레이드, 인맥, 돈, 외모, 집안, 성품, 성격, 사회성, 종교, 직무능력, 창의성, 사고력, 정리력, 전문성, 대중성, 좋은 멘토와의 만남, 운 등은 부자가 되기 위한 현실적 조건들입니다. 부자 부모들은 이러한 현실적인 조건들을 많이 갖추고 있고 또한 잘 활용하고 있습니다. 그런데 왜 어른들은 이 사실을 숨기거나 제대로 알려주지 않고 있을까요? 이 책을 집필하면서 꼭 전달하고자 했던 것은 인생 추월차선을 제대로 인지하고 여러 부자의 방법으로 자기만족감이 높은 삶을 살도록 하는 것입니다.

이 책에 기술하지 못하였지만 중요하다고 생각하는 부자는 더 많습니다. 건강 부자, 생활력 부자, 사고력 부자, 경청 부자, 여가 부자, 가족 부자, 감사 부자, 태도 부자 등입니다. 이 책에서 강조했던 '돈'에 너무 매몰되지 말아주시고 대한민국이 좋아하는 입시에도 너무 치우치지 말았으면 좋겠습니다. 돈과 입시는 수단일 뿐 목적이 되는 순간 마음이 아파지기 쉽습니다. 이제 사람들이 졸부가 아닌 단계별로 올라간 도덕적인 부자가 되었으면 좋겠습니다.

삶을 살아가는 이유가 무엇일까요? 모두 행복하기 위함이 아닐까요? 행복하기 위해서는 가족, 친구, 직업, 사랑, 돈 등이 필요합니다. 그렇다면 이에 맞는 교육을 하므로 더 인생을 풍요롭게 살 수도 있을 것입니다. 사실 인생 교육은 어렵지 않습니다. 학교와 가정에서 삶 전체를 아우르는 역량 교육을 하면 되니까요. 어른과 사회가 함께 하는 세상을 아이들에게 보여준다면 저절로 사회성 훈련, 성격 훈련, 화술 훈련, 상호 이해 훈련 등이 이루어질 것입니다. 또한 돈과 관련한 재무 관리, 용돈 관리, 본질적인 취업 역량 훈련 등은 가정에서부터 출발해야 합니다. 그 외에 배려, 나눔, 겸손, 인내 등을 삶 가운데 가족과 학교가 자연스레 진행하면 됩니다.

시간을 오래두고 아이들을 바라봐야 합니다. 충분히 옳은 방향 속에서 인내하며 관심을 갖는다면 본래의 그릇과 쓰임새는 얼마든지 달라질 수 있습니다. 이제 어른들이 바뀌어야 합니다. 그리고 제도와 사회를 운영하는 사람들이 더욱 바르게 일을 해야 합니다. 교사도 마찬가지로 더욱 개선하고 발전해 나가야 합니다. 가정은 입시 교육도 중요하지만 아이가 세상에 나올 준비를 할 수 있도록 독립성과 균형성을 길러줘야 합니다. 국가 또한 각종 정책을 내놓기만 급급한 것이 아니라 그것이 잘 뿌리내릴 수 있도록 현실에서 잘 조성해줘야 합니다. 인적쇄신을 해야 하고, 콘텐츠를 더욱 혁신해야 합니다. 겉만 뻔지르르한 것이 아닌 본질적인 지원 정책이 필요한 것입니다. 어른들이 먼저 제대로 인식하고 노력해야 아이들의 변화를 이끌 수 있습니다.

아이는 부모의 등을 보고 자란다는 말이 있습니다. 아이들은 뒤에서 밀기만 하는 어른들보다는 앞에서 보여주고 끌어주어 본받고 따라갈 수 있어야 하는 것입니다. 이 책의 독자 분들은 대부분이 성인이겠지만 학생들도 쉽게 읽을 수 있도록 노력했습니다. 대중성과 영향력에 초점을 맞춘 책이므로 대한민국 교육에 도움이 되었으면 좋겠습니다. 좋은 생각과 가치관은 변화를 일으킬 수 있는 중요한 무기임을 믿습니다.

죽는 날이 정해진 사람을 보고 우리는 시한부 인생이라고 부릅니다. 죽음을 앞에 두면 사람은 누구나 자신의 인생에 가장 중요한 가치를 정합니다. 우선순위를 정하고 하나둘 해나갑니다. 쓸데없는 시간 낭비를 줄이기 위해 노력합니다. 그만큼 죽음은 탄생만큼이나 인생의 중요한 영향을 끼칩니다. 우리에게 시간이 한정되어 있음을 꼭 알고 살아야 합니다. 유한한 시간을 소중히 쓸 줄 알아야 하며 이 시간을 의미 있게 보내야 합니다. 그래서 바로 지금 나는 주위 사람들에게 어떤 사람으로 기억되고 싶은지, 그리고 죽기 전에 무엇을 하고 싶은지, 어떻게 죽을 것인지 생각해보면 좋겠습니다. 곧 행복해질 것이고 목표가 아닌 목적이 이끄는 삶으로 바뀔 것입니다. 부디 이 책으로 대한민국 모든 가정이 부자가 되어 넉넉한 삶을 살기를 소원하며 마칩니다. 책의 생각과 메시지가 인생에 도움이 되고 확산이 되기를 바랍니다.

| 참고자료 |

《아이의 미래를 바꾸는 학교혁명》 – 켄 로빈슨
《아무도 의심하지 않는 일곱 가지 교육 미신》 – 데이지 크리스토둘루
《공부 자존감》 – 김태훈
《부의 파이프라인》 – 제이비 림, 윤규훈
《부자아빠 가난한 아빠》 – 로버트 기요사키
《부자아빠의 자녀교육법》 – 로버트 기요사키
《왜 A학생은 C학생 밑에서 일하게 되는가 그리고 왜 B학생은 공무원이 되는가》 – 로버트 기요사키
《부의 추월차선》 – 엠제이 드마코
《우리 아이를 위한 용돈의 경제학》 – 김지룡
《디지로그》 – 이어령
《지의 최전선》 – 이어령
《창의력에 미쳐라》 – 김광희
《어떻게 살 것인가》 – 유시민
《승자독식사회》 – 로버트 H. 프랭크
《HIGH PERFORMER 컴피턴시》 – 헤이컨설팅그룹
《4차 산업 투자지도》 – 한국비즈니스정보
《스스로 학습이 희망이다》 – 박성훈
《성적이 오르는 학생들의 1% 공부 비밀》 – 이병훈
《스터디코드 3.0》 – 조남호
《초의식 독서법》 – 김병완
《디자이너's pro 디자인 공모전》 – 김도영
《성공하는 포트폴리오는 따로 있다》 – 진욱
《상장 기업 업종지도》 – 박찬일
《150년 하버드 글쓰기 비법》 – 송숙희
《디자인씽킹 플레이북》 – 마이클루릭, 패트릭링크, 래리 라이퍼
《초고령 사회 일본에서 길을 찾다》 – 김웅철

《제로창업》 – 요시에 마사루
『지금은 4차 산업혁명 시대』 – 나라경제 편집실(2018)
『10년 후 4차 산업혁명의 미래』 – 미래전략정책연구원(2017)
『대학생 대외활동 참여실태 및 인식조사』 – 대학내일 20대연구소(2018)
『대졸자 직업 이동 경로조사』 – 한국고용정보원
『부모 소득에 따라 자녀의 대학진학 유형과 첫 일자리 임금이 다르다』 – 한국교육개발원(2018년 2월호)
『공무원 시험준비생 규모 추정 및 실태에 관한 연구』 – 김향덕. 이대중
「투자전략」 – 네이버 리포트
「산업기업 리포트」 – 한경컨센서스
「가치투자연구소」 – 네이버 카페
〈Beautiful Life〉 – 뇌, 현실 그리고 인공지능(SBS CNBC 인문학특강시즌3_ 김대식 교수 편)

부자 아이로 키우는 엄마들의 비밀 수업

인쇄일 2019년 6월 10일
2쇄 발행일 2019년 9월 20일

지은이 **앤디 림 · 윤규훈**
펴낸이 **우세웅**
기획총괄 **우 민**
기획편집 **이양이**
마케팅 **송여울**
북디자인 **이선영**

펴낸곳 **슬로디미디어그룹**
신고번호 **제25100-2017-000035호**
신고년월일 **2017년 6월 13일**
주소 **서울특별시 마포구 월드컵북로 400, 서울산업진흥원(문화콘텐츠센터) 5층 20호**
전화 **02)493-7780**
팩스 **0303)3442-7780**
전자우편 **wsw2525@gmail.com(원고투고 · 사업제휴)**
홈페이지 **slodymedia.modoo.at**
블로그 **slodymedia.xyz**
페이스북,인스타그램 **slodymedia**

ISBN 979-11-88977-30-7 (03370)
이 도서의 국립중앙도서관 출판예정도서목록(CIP)은 서지정보유통지원시스템 홈페이지(http://seoji.nl.go.kr)와 국가자료공동목록시스템(http://www.nl.go.kr/kolisnet)에서 이용하실 수 있습니다. (CIP제어번호 : CIP2019021988)